青少年

应该知道的哲学知识

YING GAI ZHI DAO DE
ZHE XUE ZHI SHI

王 莉 编著

其实，月球本身不发光，也没有大气，太阳光照在月球表面，有的地方反光本领大、有的地方反光本领小，所以我们就看到月面上有明有暗。"月里嫦娥"、"玉兔捣药"和"吴刚伐桂"等美丽的神话都是由暗部的形状想象出来的。

当今大型天文望远镜能分辨出月面上约50米（相当于14层高楼）的目标。望远镜里的月球和神话中的月宫大相径庭，那里并非广寒仙境，而是一个死寂的荒凉世界。

月球表面坑坑洼洼，崎岖不平、覆盖着一层黑色与灰色细沙，细沙是由于太阳风长期吹打月球表面，不断虐拟腐蚀而成。月球物质有一种很明显的气味——一种类似火药的气味。关于月亮形成的最主要学说认为，月亮是在大约45亿年前，由于一颗大小近似火星的星体强烈碰撞并划过地球形成的。月球上的物质与地球上的较为接近。月球阴影部分又称"月海"，是月球低洼地被大量岩浆覆盖的结果。30亿年前至今，月球可以说平静无事，无有丝毫地质上的大变化。

人们或许并没有在意，月亮正在悄悄地从地球身边逃逸走。月亮形成的时候，它与地球的距离仅仅是22530千米，而现在的距离已接大约45万千米，而且随着时间的推移、月亮会走得越来越远。

人类几十年来的月球探测活动获得了极其丰富的数据。这些数据使人类对月球的形状、大小、环境、月球轨道参数、月球的资源与能源、月球演化历史等方面的研究，取得了一系列突破性进展，对月球的起源和地月系统的相互作用与影响获得了新的认识。

1994年发射的克莱门汀探测器和1998年发射的月球探测者探测器，都在月球南北极的撞击坑的永久阴影区内，发现了与月壤混合的水冰，资源量估计可达66亿吨，这一发现对人类走向太空具有里程碑式的意义。

人类为什么把月球作为走出地球的首选目标？这是因为月球具有可供人类开发和利用的各种独特资源，也是人类通向外层空间理想的基地和前哨站。最新发现，月球北极多处常年"极昼"，是人类未来月球基地的绝对地点。2004年，我国绕月探测工程立项并全面启动，2007年底前发射第一艘绕月卫星"嫦娥一号"成功实现绕月飞行，2020年之前，中国会尽力完成嫦娥"绕"、"落"、"回"三步曲，都属于不载人探测活动。探月工程是我国继发射人造地球卫星和实现载人航天之后，我国航天活动的第三个里程牌。

地球、月球的形成约在45亿年前、生命的出现约在37亿年前，而人类出现只是300万年前左右的事。

"解开月宫之谜"告诉我们的哲学道理是什么？它告诉我们：自然界先于人和人的意识而存在；在人类产生之后、自然界的存在与发展仍然不依赖于人的意识。所以说，自然界的存在与发展是客观的。

云南大学出版社

图书在版编目（CIP）数据

青少年应该知道的哲学知识/王莉编著.——昆明：云南大学出版社，2010
ISBN 978 - 7 - 5482 - 0132 - 8

Ⅰ.①青…　Ⅱ.①王…　Ⅲ.①哲学 - 青少年读物　　Ⅳ.①B - 49

中国版本图书馆 CIP 数据核字（2010）第 105324 号

青少年应该知道的哲学知识

王　莉　编著

责任编辑：于　学
封面设计：五洲恒源设计
出版发行：云南大学出版社
印　　装：北京市业和印务有限公司

开　　本：710mm×1000mm　1/16
印　　张：15
字　　数：200 千
版　　次：2010 年 6 月第 1 版
印　　次：2010 年 6 月第 1 次印刷
书　　号：978 - 7 - 5482 - 0132 - 8
定　　价：28.00 元

地　　址：云南省昆明市翠湖北路 2 号云南大学英华园
邮　　编：650091
电　　话：0871 - 5033244　5031071
网　　址：http://www.ynup.com
E - mail：market@ynup.com

序 言

关于"哲学"的话题，其实是一个古老的话题，从人类开始有思维，哲学的话题就开始诞生。人生离不开哲学，有人曾这样打比方说：人生就是买面包、烘面包、吃面包的过程，若要面包好吃，就需要调味的蜂蜜，而那蜂蜜就应该是哲学。

青少年朋友正处在人生成长发育的黄金阶段，是世界观、人生观、价值观形成的关键时期，这一时期形成的"三观"会直接影响你一生的命运。所以我们都希望在以后的人生中能走的更好，事业能得到更好的发展。但常言说的好："人生之事，不如意十有八九"。有时你纵然费了九牛二虎之力，却还是四处碰壁，常常连一些看似简单的事情都做不好。这是为什么呢？最大的原因就是你的生活智慧还不够多。

而哲学就是一门关于智慧的学问，特别是马克思主义哲学即辩证唯物主义和历史唯物主义，作为人类迄今为止最完整最科学的世界观和方法论，是无产阶级认识世界和改造世界的强大思想武器，它会让我们在现今错综复杂的生活中明辨是非、走出迷茫，形成正确世界观、人生观和价值观，掌握科学的认识问题和解决问题的方法。开启智慧的天窗，感受心灵的阳光，就让我们学一些哲学知识吧！

哲学里的智慧就是生活里的亮点，它使你与众不同，对生活充满激情；它使你振奋，在柳暗中看到花明；它还使你对不可预知的未来充满希望而不是惧怕，助你解决生活中遇到的各种麻烦——本书的主旨和其中所包含的教益也正在于此。

下面就让我们以邓亚萍为例，希望大家有一点启示。

邓亚萍的感慨

1973年生于河南郑州，5岁学打乒乓球，1988年进入国家队。曾获4枚奥运会金牌，14次获得世界冠军头衔，连续8年女乒世界排名第一，是世界上唯一一位蝉联奥运会乒乓球单打金牌的运动员。1997年退役，先后到清华大学、英国诺丁汉大学和剑桥大学学习。现国际奥委会运动员委员会委员、中国奥委会执委等职。

邓亚萍在清华大学学习哲学结合自己打乒乓球的经历，写了一篇《运动员学哲学》的文章。她在这篇文章中说："作为一名乒乓球运动员，我感到在中国乒乓球队，时常闪烁着唯物辩证法的光芒，遗憾的是当时我对哲学理论的知识知之甚少，更没有自觉地、有意识地用哲学理论来指导实践，也没有把实践上升到哲学原理的高度来认识。所庆幸的是，在我即将结束在清华大学学习之前弥补了马克思主义哲学原理这一课，这对我来说意义是极其深远的。""回顾中国乒乓球队称雄世界乒坛40多年长盛不衰的历史，我觉得其中重要原因是，我们在平时的训练中，在重大的国际赛事中，能自觉或不自觉地用唯物辩证法作为指导，从而取得了辉煌的战绩。"

本书将一些知识与生活中的故事相联系，集合众多"过来人"的经历与智慧，它将告诉你，在现阶段应该如何转变心态；怎样确立目标、实现目标；从哪些方面提高能力，完善自己；如何克服坏习惯等许多你应该知道的生活智慧。本书描述性的思维方式和语言，于不经意间印证着"成功学"意义上的相关定义。把理论还原于实际生活，是本书的立意。它重现了亲临其境之感，并从中学习前辈们的智慧。相信这些智慧能为你指点迷津，让你找到一种豁然开朗的感觉。

一花一世界，一叶一菩提，青少年朋友，让一个个生动的故事和一句句耐人寻味的箴言以及其中包孕着的哲理与智慧，使您在得到思维上的启迪后，让你的人生更清爽更精彩！

目　录

第一篇　我们美好生活的向导

拜倒在哲学家面前的商人

——哲学为具体科学提供世界观和方法论的指导

公元前6世纪古希腊有一位著名的哲学家泰勒斯，泰勒斯学问渊博，追求真理，从不以金钱富有为能事，他经常衣衫褴褛，匆匆走上街头。

一天，有一位商人走到他面前，指着他挖苦道："泰勒斯，都说你是一个知识渊博的哲学家，可是据我看来，理论是没有用的。理论知识既不能给你带来金子，也不能给你带来面包，只能给你带来贫困和寒酸。"泰勒斯听了十分生气，他反击说："我不能容忍你利用我的贫困来贬低和攻击理论的作用。我要用事实来教训你，等着瞧吧！"

泰勒斯不甘受侮，他决心化理论为力量，运用丰富的天文、数学的农业知识，经过周密的预测和计算，断定明年将是橄榄的大丰收年。到了冬天，他拿出所有的钱，以相当廉价的租金，租了附近所有的榨橄榄

油的器具。

果然不出所料，第二年橄榄空前大丰收，对榨油器的需求聚然剧增。

可是全部榨油器已由泰勒斯垄断了。他乘机抬高租金，许多想租用榨油器的人都拥挤在泰勒斯的门前。那位曾经挖苦过泰勒斯的商人也满头大汗地在人群中挤来挤去。泰勒斯一眼就看见了他，便走上前去用嘲弄的口吻对他说："高贵的商人，看到了吧？这些榨油器都是我用理论知识搞到手的。我要想发财，简直易如反掌，只要略施小计，就可以像你一样有钱，甚至比你更有钱。但是我并不稀罕这几个小钱，因为世界上还有金钱买不到的伟大力量。"

这个故事启示我们，哲学为具体科学提供世界观和方法论的指导。任何轻视哲学、否认哲学对具体科学的指导作用的看法，都是错误的、有害的。泰勒斯凭借自己的理论和知识斗倒狂妄的商人，正是说明知识就是力量，知识就是财富，科学理论指导着人们的社会实践，这一真理是不容忽视的。

洪水中的神父

——世界观决定方法论，方法论反映世界观

在某个小村落，下了一场非常大的暴雨，洪水淹没了全村，一位神父在教堂里祈祷，洪水已经淹没到他跪着的膝盖了。一个救生员驾着舢板来到教堂大喊："神父，赶快上来吧！不然洪水会把你淹死的！"神父说："不！我深信上帝会来救我的，你先去救别人好了。"

过了不久，洪水已经淹没到神父的胸口了，神父只好勉强地站在祭坛上。这时候，一个警察开着快艇过来大喊："神父，快上来，不然你真的会被淹死的！"神父说："不，我要守住我的教堂，我相信上帝一定会来救我的，你还是先救别人好了。"

又过了一会儿，洪水已经把整个教堂淹没了，神父只好紧紧地抓住教堂顶端的十字架。一架直升飞机缓缓地飞过来，飞行员丢下了绳梯之后大叫："神父，快上来，这是最后的机会了，我们可不愿意看着你被洪水淹死！"神父还是坚定地说："不，我要守住我的教堂，上帝一定会来救我的，你还是先救别人好了，上帝会与我同在的。"洪水滚滚而来，固执的神父终于被淹死了，他是在这场洪水中唯一的一个被淹死的人。

哲学的基本问题是思维和存在的关系问题。对思维和存在何者为第一性问题的不同回答，是划分唯物主义和唯心主义的唯一标准。凡是认为存在决定思维的，就是唯物主义，凡是认为思维决定存在的，就是唯心主义。世界观决定方法论，方法论反映世界观，有什么样的世界观就有什么样的方法论。由于神父坚持了唯心主义世界观，所以他在洪水面前做出了大异于常人错误的选择。

毛泽东与哲学

——马克思主义哲学是科学的世界观和方法论

1937年1月，毛泽东到达延安后，每到星期三晚上，他都约10来个人，在他自己的窑洞里开哲学座谈会。每次都是毛泽东亲自主持，并事先指定一个报告人，准备好发言提纲，作中心发言，然后让大家发表意见。毛泽东对每个人的发言都认真听，并作笔记。毛泽东酷爱学习马列主义哲学，引起了许多中高级干部学习马克思主义哲学的兴趣，初步形成了党政军干部学习哲学的热潮。

毛泽东还经常到红军大学（后改为抗日军政大学）去讲课，他讲哲学深入浅出，讲得非常生动、活泼、有趣。毛泽东在刻苦学习和认真研究的基础上，还把哲学从哲学家的书本和讲堂上解放出来，他竭尽心思不断地把唯物论辩证法用通俗、易懂、易记的语言传播出来，创造性地

发展了辩证法的许多方面，如"矛盾的特殊性"、"实事求是"、"从实际出发"、"调查研究"、"一分为二"、"要抓主要矛盾"、"物质变精神，精神变物质"和"总结经验、提高认识"等等。毛泽东勤奋地刻苦地钻研马克思主义哲学，并始终立足于与中国革命的斗争实践相结合，对马列主义理论作出了贡献。

1937年1月至1947年3月，毛泽东在延安住了10年。这一时期是毛泽东思想的成熟期。他博览群书，系统地学习和研究了马克思主义哲学，当时在他的书架上摆着马克思、恩格斯、列宁和斯大林的著作，还有许多线装的中国史书。在这期间，他结合中国革命的实际，共撰写了100多篇文章，后来收入到《毛泽东选集》中的就有92篇。《实践论》、《矛盾论》、《论持久战》、《论联合政府》、《抗日战争胜利后的时局和我们的方针》等许多重要著作，都是在延安时期相当艰苦的条件下写的。这些文章对指导中国人民的抗日战争和解放战争发挥了巨大的作用。

学习马克思主义哲学，可以帮助我们树立正确的世界观、人生观、价值观，使我们在认识世界改造世界的过程中少走弯路；可以帮助我们形成正确的思维方法，锻炼我们的思维能力，激发我们的想象力和创造力；可以使我们正确地看待自然、社会和人生的变化与发展，用睿智的眼光看待生活和实践，从而为人民的生活和实践提供积极有益的指导。

4

青少年应该知道的哲学知识

真相大白

——要坚持唯物主义，反对唯心主义

某村一座刚盖好的农宅中不明原因地先后有多人死去，从此再也无人敢住，村子里的人都称之为"凶宅"。在这期间，这家人多次烧香拜佛，乞求神灵保佑，但无济于事。后来，村子里住进了扶贫工作组，工作组人员经考察、调研后，终于真相大白，祸根就来自地基中的一种放射性石料，石料清理掉后，宅子里再也没有发生过不明原因的死人现象。

世界观和方法论是统一的，世界观决定方法论。有不同世界观的人在处理问题时的方法论是截然不同的。村子里的人及住户由于受有神论、唯心主义世界观的影响，导致烧香拜佛，乞求神灵保佑现象的出现。而扶贫工作组的同志坚持无神论、唯物主义世界观的指导，经过考察、调研，使真相大白。

第二篇　探索世界的本质　把握思维的奥秘

解开月宫之谜

——自然界的存在与发展是客观的

天体中与我们地球关系最密切的是太阳，其次就是月亮了。

自古以来，有多少诗人墨客在吟诵、描绘月亮，抒发自己的情思。比如：我国唐代诗人李白的"床前明月光，疑是地上霜，举头望明月，低头思故乡"几乎人人会背。宋朝文学家苏东坡的"水调歌头"词更是脍炙人口。"人有悲欢离合，月有阴晴圆缺，此事古难全。但愿人长久，千里共婵娟"，表达了多少人企盼团圆的愿望。

我国自古流传着"嫦娥奔月"、"吴刚伐桂"等美丽神话。古希腊人把月球看作美丽的狩猎女神阿尔忒弥斯，并且把女神狩猎时从不离身的银弓作为月球的天文符号，记为"月牙形"。

1969年7月20日，近代嫦娥——美国太空人，登陆月球成功。在首次登月任务中，"阿波罗11号"的太空人，于7月24日安全返回地球，带回了21.7公斤的作研究用的月岩与沙土。

其实，月球本身不发光，也没有大气，太阳光照在月球表面，有的地方反光大，有的地方反光小，所以我们就看到月面上有明有暗。"月里嫦娥"、"玉兔捣药"和"吴刚伐桂"等美丽的神话都是由暗部的形状想象出来的。

当今大型天文望远镜能分辨出月面上约50米（相当于14层高楼）的目标。望远镜里的月球和神话中的月宫大相径庭，那里并非广寒仙境，而是一个死寂的荒凉世界。

月球表面坑坑洼洼、崎岖不平，覆盖着一层黑色与灰色细沙，细沙是由于太阳风长期吹打月球表面，不断磨损腐蚀而成。月球物质有一种很明显的气味——一种类似火药的气味。关于月亮形成的最主要学说认为，月亮是在大约45亿年前，由于一颗大小近似火星的星体强烈碰撞并划过地球形成的。月球上的物质与地球上的较为接近。月球阴影部分又称"月海"，是月球低洼地被大量岩浆覆盖的结果。30亿年前至今，月球可以说平静无事，无有丝毫地质上的大灾变。

人们或许并没有在意，月亮正在悄悄地从地球身边溜走。月亮形成的时候，它与地球的距离仅仅是22530千米，而现在的距离已拉大到45万千米，而且随着时间的推移，月亮会走得越来越远。

人类几十年来的月球探测活动获得了极其丰富的数据。这些数据使人类对月球的形状、大小、环境、月球轨道参数、月球的资源与能源、月球演化历史等方面的研究，取得了一系列突破性进展，对月球的起源和地月系统的相互作用与影响获得了新的认识。

1994年发射的克莱门汀探测器和1998年发射的月球探测者探测器，都在月球南北极的撞击坑的永久阴影区内，发现了与月壤混合的水冰，资源量估计可达66亿吨，这一发现对人类走向太空具有里程碑式的意义。

人类为什么把月球作为走出地球的首选目标？这是因为月球具有可

供人类开发和利用的各种独特资源，也是人类通向外层空间理想的基地和前哨站。最新发现，月球北极多处常年"极昼"，是人类未来月球基地的绝好地点。2004年，我国绕月探侧工程立项并全面启动，2007年底前发射第一颗绕月卫星"嫦娥一号"成功实现绕月飞行，2020年之前，中国会尽力完成嫦娥"绕""落""回"三步曲，都属于不载人探测活动。探月工程是我国继发射人造地球卫星和实现载人航天之后，我国航天活动的第三个里程牌。

地球、月球的形成约在45亿年前，生命的出现约在37亿年前，而人类出现只是300万年前左右的事。

"解开月宫之谜"告诉我们的哲学道理是什么？它告诉我们：自然界先于人和人的意识而存在；在人类产生之后，自然界的存在与发展仍然不依赖于人的意识。所以说，自然界的存在与发展是客观的。

屈原吟诵问天

——世界的本质是物质

大约公元前4世纪的时候，我国南方的楚国是一块美丽富饶、文化发达的地方。我们的祖先，从北京周口店的山顶洞里走出来已40多万年了，他们对当时那个世界已经积累了许多丰富的知识。这天湘江边走来一个人，他瘦长的个子，清癯的脸庞，眼神里现出一种庄严的沉思。他那明亮的目光扫过天边的白云，扫过江面远处的烟波，边走边吟诵起来，歌的大意是：

> 那远古渺茫的情形啊，
> 是谁来将它传道？
> 那时天地本没有成形啊，
> 又是谁将它查考？
> 浑浑沌沌啊，昼夜不分，

可怎去将它的根由寻找？

一团热气啊，笼罩四方，

又怎去将它的面目研讨？

天明天黑啊，暮来朝去，

为什么这样交换，没完没了？

阴阳二气啊，掺合无穷，

哪是源头，哪是末梢？

……

这人就是我国伟大的诗人屈原。以上吟的就是他的《天问》。他问道，昼夜为什么要交替？"九天"（九重天）之间是怎样联结的？阴阳二者哪个更为根本？

就在屈原叹问苍天前不久，地中海南岸有一个和我国一样古老的国家——埃及，在金字塔下有一小群人，席地而坐，其中不少人是从希腊来到这里的，也在谈天说地。讨论中，有个叫泰勒斯的人说："我认为这地就像菜碟子一样。"另一个叫亚诺芝曼德的人立即反对："不，大地是一个长筒子。"又有人发言："我认为一切都是气组成的"。"不对，不对，世界是水组成的。"争着，吵着，谁也说服不了谁。

屈原咏诵问天和古埃及哲学家们谈天说地给我们以什么哲学启示？世界是什么？世界怎么样？人能不能够认识世界？人怎样认识世界？人的认识正确与否能不能检验？靠什么检验？人认识世界的目的是什么？等等，这些是马克思主义哲学中的一些基本问题。

马克思主义哲学认为，世界的本质是物质，世界是普遍联系和变化发展的，事物的运动、变化发展是有规律的，人能够认识世界，实践是认识的来源，是认识的最终目的，是检验认识正确与否的唯一标准等。关于这些具体问题，我们在后面将加以一一探究。

从本材料中可看出，屈原和古埃及哲学家们关于宇宙的一系列发问，涉及到宇宙的起源问题和世界的本质问题。我国古代伟大诗人屈原和古埃及的哲学家们，不仅关注自己同周围事物的具体关系，而且把天

地万物和人的起源问题、人和整个自然界的关系问题，也作为自己智慧追索的对象。

历史上进步的思想家在其所处的条件下，就世界的本质问题提出过许多合理的思想。只有马克思主义哲学以实践和科学材料为基础，科学地回答了上述问题。马克思主义哲学认为，世界的本质是物质，物质是不依赖于人的意识、并能为人的意识所反映的客观实在，整个世界是客观存在的物质世界。

美国家公园不救火不抗洪

——尊重自然、顺从自然、保护自然，正确处理人和自然的关系

黄石国家公园，是美国最早的国家公园，总面积约8889平方公里。1988年遭受一场大火，公园1/3的森林被烧毁了。我们在公园里看见被大火烧焦的一片片死树。在这场大火中，国家公园任大火自生自灭，只有大火直接威胁到游客、工作人员的生命和文化遗迹的安全时，才采取必要的措施。

大火10年之后，黄石国家公园管理局专门对大火的生态影响进行了科学研究。科研证明，那次大火给公园带来一定的消极影响，但更多的是积极影响。火是大自然新陈代谢的工具，通过它可淘汰森林中的病树、枯木，让新树有生长的空间。如松树的生长周期大约是250年，超过这个年龄的树木即开始衰老，森林大火常发生于衰老的过熟森林。有些树木要借助大火种子才能迸开发芽。另外，焚烧过的土地会更加肥沃，更利于树木生长。1988年的那场大火使必须借助火的力量繁衍的树木，繁衍了后代。大火过后有些物种数量减少了，但更多的物种却从此得到新生，总体上看，大火促进了那片已进入垂暮之年的过熟林的自然更新。在大火烧过的地方，葱绿茂密的小树已经开始茁壮成长。专家们

一致认为，当年听任大火自生自灭是正确的。

该公园的负责人介绍说，这里不用化学药品除菌，因为周期性的大火可以帮助树木治病除害。这位负责人还指着国家公园中的一条小河讲，枯树横倒到河里或落叶掉落河中阻挡了水流，我们也不会去清除，因为有枯枝落叶的河水正是各种水生物最好的生存环境。有时洪水会从河道中冲出损坏道路、房屋，他们也不会去抗洪，因为洪水是自然生态循环的一个链条，不能随意割断。

美国家公园不救火不抗洪给我们以什么哲学启迪？在美国国家公园，火来了让火去烧，不去救火；水来了让水去流，不去抗洪。对水和火等自然现象不加人为干预，是美国国家公园重要的管理举措。美国是建立国家公园最早的国家之一，在建设和管理国家公园方面积累了丰富的经验。

我们不惜代价地去大面积铺设洋草皮，是希望自己的城市能成为符合欧美标准的绿色城市。遗憾的是，我们获取的信息完全错了。西方国家已经掀起了一个把上世纪人工建设的"渠化"河道炸掉、拆掉，重新挖掘以往填埋的水系，恢复河湖的自然形态，再塑城中自然景观的热潮。如美国"鲑鱼河"经过93年的水坝拦截后已获重生，河流中的鱼类发现恢复的好迹象。近10年来，欧美国家正告别人工草坪，因为人工草坪耗水太多，让自然回归城市。德国把荒地租给市民建花园，英国建乡土植物园，加拿大野草回归城市。这在降低绿化成本的同时，也给城市带来了丰富多彩、生机勃勃的植被景观。

广场、草坪、大树进城一度成为城市绿化、美化"三大件"，在某些地方仍余热未消；目前我国许多大中城市已开始转变观念，日益重视科学构建乔、灌、藤、草、花相呼应的近似天然的植物群落，促进城市园林绿化建设事业、城市生态环境建设、城市规划和管理的健康发展。

人通过有意识、有目的的活动，使自然界发生了巨大的变化，虽然体现了人的本质能力，但都是首先肯定自然的客观存在，并服从自然的属性与规律的结果。我们在利用自然、改造自然的时候，务必要尊重自

然、顺从自然、保护自然，处理好人、地关系、做到与自然和谐相处，协调发展，这就是美国家公园不救火不抗洪告诉我们的哲学道理。

红色高棉兴亡路

——社会的存在和发展是不以人的意志为转移的，是客观的

1999年3月6日，红色高棉最后一位领导人切春被政府军捕获。当今世界最著名的激进组织之———红色高棉，终于走到了它的历史尽头。一个为人类美好理想奋斗的组织，为何在现实中却走得如此之远？

柬埔寨劳动党成立于1960年9月30日。一开始，深入丛林的柬革命军在政府军围剿下东躲西藏，疲于应付。然而，美国对柬埔寨的干涉为红色高棉带来了崛起的意外机遇。打着抗美救国旗帜的柬革命军迅速发展并与柬政府成立统一战线。1975年，金边被解放，红色高棉取得了抗美救国战争的全面胜利，在世界上再创了一个农村包围城市的成功例子。

红色高棉的第一项举措是疏散金边市的居民。在他们看来，城市是资本主义的丑恶象征。要建设理想社会，就必须消灭城市。红色高棉宣布要在10到15年内使国家实现现代化，于是取消货币和市场，实行按需分配和全民供给制。红色高棉禁止私人拥有财产，取消家庭，甚至婚姻也由组织安排，婚后夫妇要分开居住。禁止人们从事宗教活动，勒令僧侣还俗，寺庙用作仓库。

红色高棉精心构筑理想的天堂，给高棉民族带来了一场空前的灾难。在其执政的3年多时间里，柬埔寨至少有100万人非正常死亡，而当时该国总人口只有700万人。

1978年12月25日，越南10万"志愿军"兵分7路入侵柬埔寨。仅仅两周，民柬就兵败如山倒，越军占领了柬首都金边。随着波尔布特1998

年4月去世，以及民柬前主席乔森潘和前人大委员长农谢的回归，1998年成了红色高棉的投诚年和终结年。

红色高棉兴亡路能不能说明社会发展是无什么规律可言的？红色高棉的兴盛和衰亡，构成了柬埔寨当代史的重要篇章。外部（即外国）因素在其中起到的作用似乎举足轻重。如果没有美国干涉导致的柬民族矛盾激化，红色高棉不可能在短短5年内由弱变强，崛起为柬的主导力量。如果没有越南军队的入侵，柬共也不会执政3年多就失去政权。但另一方面，红色高棉的衰败和兴亡，不能不说主要是其自身原因造成的。在来之不易的革命胜利后，红色高棉狂热地推行一系列超越柬埔寨现实的极左政策，造成经济崩溃和人心散失，动摇了其政权基础。在长达14年的抗越斗争中，红色高棉积极捍卫民族利益，并且促进了柬问题的政治解决。但在和平来临之际，它却迷信武力，一意孤行，拒绝参加联合国监督下的议会大选，置身于柬合法政治之外，而后不思变革，一误再误，在短短的5年中就落得个众叛亲离、曲终人散的悲惨结局。

红色高棉兴亡路说明社会的发展同自然界的变化发展一样，也受自身规律的支配。人类社会虽是个特殊的领域，它和自然界相比有不同的特点，社会的发展要通过人的自觉的活动。但人类社会仍然是统一的物质世界的一部分，社会的发展同样遵循着不以人的意志为转移的客观规律。总之，社会的存在和发展是不以人的意志为转移的，是客观的。

"鬼洞"之迷

——要坚持无神论，反对有神论

在某山区，一位牧养人发现了一个奇怪的山洞，当他带着一条猎狗走进去的时候，走不多远，狗就瘫痪在地，四肢抽搐，挣扎了几下就死掉了，而他自己却安然无恙。消息传出后，人们蜂拥而至，经过多次实

验，也发生同样的情况，人们说，这个山洞一定有"鬼"，便把这个山洞叫做"怪洞"。

一位地质学家对此进行了考察，他用各种动物作实验，出现了这样一种情况：狗、猫、老鼠等头部离地面比较近的小动物在山洞里都会死亡；人在山洞里就不会死亡；马、牛等头部距离地面比较远的大牲畜，在山洞里不会死亡；狗、猫、老鼠等小动物如果被人抱着带进洞里也不会死亡。

经过实验，这位地质学家认识到，凡是走进洞里很快死亡的都是头部离地面很近的小动物，凡是能平安地通过岩洞都是头部离地面比较远的大动物。并且进一步发现了，这个岩洞的地下冒出许多二氧化碳气体，二氧化碳气体比空气的比重大，洞内又不通风，二氧化碳气体都沉积在地面附近，靠近地面的地方没有氧气，动物吸不到氧气就要死亡。狗、猫、老鼠等小动物走进了这个没有氧气的地方，就会闷死。人、牛、马等大动物能走过这个岩洞，是由于头部离地面较高可以吸到氧气，因而安然无恙。"怪洞"之迷就这样被揭开了。

这个真实的故事启示我们要坚持无神论反对有神论，坚持唯物主义反对唯心主义。

"真空"不空

——世界的本质是物质的

"真空"这个概念，不仅人们在自然科学的研究中常常使用，就是在日常生活中也不断地有人提及。

就一般的理解，"真空"就是指没有空气或只有极少量空气的状态。如果说连空气都没有的话，那么是不是说"真空"就是没有物质的空间，或者说什么也没有的空间呢？要正确地认识这个问题，就要清楚地了解物质与空间的关系。

物质是标志客观实在的一个哲学范畴，这种客观实在性能够被人所认识，但是不依赖于人的意识而独立存在着。一句话，哲学上所讲的物质就是指脱离开人的主观思维而独立存在的整个宇宙。物质指的是具有客观实在性的整体，而这个宇宙中所有的各种具体的，具有客观实在性的事物，则是物质的各种表现形态，物质是运动的，世界上没有不运动的物质。

而空间则是指物质运动的广适性或伸张性。空间具有三维的特点。所谓三维性，就是指任何物体都具有一定的长度、宽度和高度，或者说一个物体与其他物体的位置关系是前后，上下，左右。

物质与空间的关系是密不可分的，物质的任何一种表现形态，或者说任何一个事物都有其广适性；而任何空间，则必然有承担空间的主体，因此脱离空间去认识物质，或脱离物质去认识空间都是不对的。既然空间指的是物质的广适性，纯粹的空间并不存在，那么怎么会出现真空呢？真空连空气都没有，怎样和物质联系到一起呢？现代科学已经证明了，真空同样与物质形态密不可分。世界上的物质形态有连续状态的和不连续状态的两种。天体，山川河流，分子，原子都有确定的大小，这是物质的不连续状态；引力场，电磁场等各种场，它们弥漫了空间，这是物质的连续状态。

整个物质世界就是连续与不连续两种物质形态的辩证统一。它们总是相互联系的。比如物体由分子、原子组成，而分子、原子间则被引力场充满；在原子结构内，电子和原子核的体积只占整个原子几万亿分之一，甚至千万亿分之一，其间这个很大的间隙被电磁场、引力场所充满；在原子核内层，核子的体积只占几十分之一，其间则被引力场、电磁场、介子场所充满；如此等等。

由于这些场也是物质，因此脱离开物质的绝对的真空也就没有了。

电脑能代替人脑吗？

——意识是人脑特有的机能

看过美国影片《未来世界》，有人曾这样问：机器人有没有意识？

电脑是否能代替人脑？19世纪英国著名作家巴特勒曾写过《艾里汐》和《重游艾里汐》等幻想小说，书中虚构了一个叫艾里汐的国家，那里的人们发明制造了一种机器，而这种机器却反过来想控制人类。人们害怕机器成为人类的主宰者，随后废弃了这种机器。看来，人们关于"人工智能"和"人脑"关系的问题的思考，早已开始了。

"人工智能"，也就是指电子计算机或电脑，它是模拟人脑的机器。它确实能够代替人类的部分脑力劳动，大大减轻人脑承担的浩繁的计算负担。现代计算机自从二十世纪中叶诞生以来，确实发挥了巨大的威力。例如：100多年前，就有了数学方面的著名的"四色定理"的猜想：不论画多么复杂的，地图，只需用四种颜色就可表示出来，而且多一种和少一种都不合适。这一猜想一直未被证明。1972年，美国的两位数学家运用电子计算机花费了1200个小时，做了200亿个逻辑判断，最后终于完成了"四色定理"的证明。如果用人工计算，即便是方法得当，一个人也要花30万年才能完成。

那么是不是人工智能具有主观能动性、能够代替人脑了呢？可以肯定地说，人工智能不是人脑，它没有主观能动性，也不能代替人脑。

奥地利计算机科学家泽曼克在1972年写的《信息处理的一些哲学问题》一文中指出："计算机不是大脑，车轮不是腿，挖土机不是手，扩音器不是嘴，为什么计算机就应当是一个大脑呢？"再简单地说，人工智能只是"物化的智力"，因为"人工智能"只是人根据人脑思维规律创造的一种只能模拟人脑某些功能的机器。它不能输出任何未经人编制而预先输入的程序。面对客观世界和社会的大量的信息，它也只能在人的预先编制的程序控制下作出某种反应。电脑不过是人的思维和智慧在机器上的表现，它不具有人类大脑所特有的、能动地反映客观事物、揭示客观事物的本质和规律的能动性和创造性，更不具有独立地改造世界的能力。

人工智能毕竟是"人工"造就的，它只是人的主观能动性的产物，充其量也是模拟人脑的部分功能。电脑有快速计算的功能，也只是在某

青少年应该知道的哲学知识

些方面比人脑强，但它最终还是由人操作的。更何况，人脑还具有社会属性，具有社会的烙印，这是电脑永远不能比拟的。总之，人工智能和人脑具有本质的区别。

黑猩猩的"语言"
——人是社会的产物，意识是人脑特有的机能

我们知道，用手势或符号进行交谈是灵长类动物智能的最高表现，但是决不能简单地相提并论。拿黑猩猩的"语言"与人相比就是如此。

倘若你把一头只有一个月龄的黑猩猩与一个同龄的婴儿一起喂养，一切待遇都相同，那么你可以发现黑猩猩可以在头几个月内比婴儿更多的听懂大人的话，但是，在九个月前后，婴儿便能赶过猩猩。试验证明，在九个月之后，黑猩猩可以听懂人话58句，婴儿则是68句。可是不管饲养多久，黑猩猩总不能说出一句人话。有人作了几年的努力，只勉强地使黑猩猩说出"爸爸"、"妈妈"等三四个最简单的单词，而且发音极不准确。后来发现，黑猩猩的发音器官不适于发出人的语声。

然而事实并非这样简单，近年国外关于黑猩猩使用符号语言和手势语言的训练实验，证明了黑猩猩经过训练之后，可以按照男、女、老、少、水果、糕点等对图形卡片进行分类。这就说明它们可以对不同的图形，形成某些简单的概念，而概念正是掌握词的基础。不过符号语言总不如手势方便。在科学家的努力下，经过几年的训练，黑猩猩学会了100多个手势"词"。它们不仅可以用这些词与人交谈，还可以在学会了手势语言的黑猩猩之间相互交谈，有时表现出黑猩猩的某些智能的特征，如当黑猩猩学会一个词后，它可以把"开"字用在"开冰箱"、"开汽水瓶"等场合，有时还可将一系列词组合成需要的句子使用，如它对饲养人作个手势"给我烟"，饲养人答复它手势"请求要有礼貌"，黑猩猩便再作手势"请给我烟"。黑猩猩还会创造一些它认为需

要的词，如创造"香水果"来称呼"桔子"；用"哭、苦、食品"来描写难吃的老萝卜。

但是黑猩猩掌握手势和符号语言与人的智能是无法相比的。它们不能确切区分主动和被动，不能主动提问，不能正确掌握过去式和现在式，更不能进行从概念到概念的联想和思维。

总之，黑猩猩虽然具有形成概念和词的能力，但是它们的语言仅仅限于当前身体内外环境的需要，只能是适应环境。这一点与人无法比拟。另外，黑猩猩是在人的教育下才学会了使用手势语言的，所以，它们既不是自己独立地创造出一种语言系统，也不是发展出一种原始的手势语言．这正是它们与人在智能上存在的本质差别。人是社会的产物，意识是人脑特有的机能，这一点黑猩猩是永远都无法比拟。

猴子与香蕉

——意识是人脑特有的机能，动物的心理不同于人的意识

科学家将四只猴子关在一个密闭房间里，每天喂食很少食物，让猴子饿的吱吱叫。几天后，实验者在房间上面的小洞放下一串香蕉，一只饿得头昏眼花的大猴子一个箭步冲向前，可是当它还没拿到香蕉时，就被预设机关所泼出的滚烫热水烫得全身是伤，当后面三只猴子依次爬上去拿香蕉时，一样被热水烫伤。于是众猴只好望"蕉"兴叹。

几天后，实验者换进一只新猴子进入房内，当新猴子肚子饿得也想尝试爬上去吃香蕉时，立刻被其它三只老猴子制止，并告知有危险，千万不可尝试。实验者再换一只猴子进入，当这只新猴子想吃香蕉时，有趣的事情发生了，这次不仅剩下的二只老猴子制止它，连没被烫过的半新猴子也极力阻止它。实验继续，当所有猴子都已换新之后，没有一

只猴子曾经被烫过，上头的热水机关也取消了，香蕉唾手可得，却没猴敢前去享用。

这个有趣的实验告诉我们，动物有的只是条件反射，或者说是动物心理，而意识是人脑特有的机能，动物的心理不同于人的思维活动。

望梅止渴

——意识是人脑特有的机能

"望梅止渴"是《三国演义》上的一个小故事。

有一次曹操带兵打仗，行军途中，士兵口里冒烟，渴得要命，但是又找不到水。曹操见此情景，眉头一皱计上心来。他用马鞭往前面树林一指，说道："前面就是梅林，树上结了许多又大又酸的果子，可以用来解渴了。"士兵一听是梅子，嘴里分泌出许多唾液，也就不渴了。

这个"望梅止渴"的故事，更确切地讲应该是听梅止渴，因为事实上没有梅林，大家自然也看不到梅林，只不过听了曹操的一句话。这里所反映的是人的消化系统与梅酸的联系，曹操利用了这种联系，巧妙地为士兵们减轻了干渴的威胁。而这种联系可以用条件反射来解释。

不管人还是动物，与周围环境之间的相互作用，是通过反射活动进行的。反射分为条件反射和无条件反射两种，无条件反射是人及其它一切动物生来具有的反射，是遗传的本能：而条件反射是以无条件反射为基础的，由动物自身活动的经验而建立起来的，或者说是后天学习来的。

比如，食物能引起狗的兴奋，会立即分泌唾液，这是无条件反射。但是如果每次喂食时都给狗以灯光刺激，那么久而久之狗一见到灯光就会分泌唾液。这时感觉到灯光的兴奋点与感觉到食物的兴奋点沟通了起来，这种反射叫条件反射。不管是条件反射还是无条件反射，都是人与其它动物共同具有的。人与其他动物在反射问题上的差别并不在于此。

条件反射是接受外界刺激之后而引起的反射活动。在建立这种反射的时候必然要经过一定的途径。经过眼、耳、鼻、舌、身这样的感觉器官，将外界刺激传导到脑所引起的反射，被称为是第一信号系统。这是人与其它动物共同具有的。

但是人的社会实践活动是创造性的活动，人的意识所需要反映的东西．无论从深度、广度都远远超过了其它动物。第一信号系统不能满足这种反映的需要，因而出现了第二信号系统。也就是借助于语言这一反射的信号所引起的反射活动。语言抽象地表达了客观事物的本质和规律性，因此人的这种反射的广度、深度都达到了其它动物无法比拟的高度。第一信号系统约反射是具体形象的反射。而第二信号系统的反射则是抽象概括的理性的反映。

人在看到梅林、酸梅时分泌唾液，这是第一信号系统基础上的反映。而当人们听到别人讲到梅林，酸梅，通过语言这一途径，引起了反射，分泌了唾液，这是在第二信号系统基础上的反映。这是人与其它动物的本质区别。难怪士兵一听到曹操谎称有梅林便不觉那么干渴了。

青少年应该知道的哲学知识

河伯也要"望洋兴叹"了

——物质决定意识，社会存在决定社会意识

河伯是传说中的河神。有年秋天，洪水特别大，千百条小河的水都灌入黄河，黄河中的水涨得满满的，河面变得十分宽阔，隔岸遥望对岸田野里的牲畜，分不清哪个是牛，哪个是马。河伯看到水势如此凶猛，心中非常欢喜，以为自己非常伟大，身系天下的兴旺繁荣。

他高高兴兴地顺着黄河向东奔去，一直奔到海边。他放眼向东边眺望，怎么也看不到大海的边际，大海波涛汹涌，浩瀚无穷，比起陆地上的那些江河不知要大多少倍。河伯感慨万分，转过身来仰望着天空的太阳，深深地叹了一口气，对海神说："常言说：见识愈少的人，愈自以

为高明。我就是这样的人啊。从前虽然听人说海水如何洪波万里、浩翰无穷，总不相信，今天到了海神的大门，才知道自己的眼光狭窄，要被人取笑了。"海神见河伯态度诚恳，就进一步地开导说："如果你告诉井里的鱼说：大海无风也会卷起百尺巨浪。它是不肯信的，这是因为它居住在井中的缘故；如果你对夏天的虫子说："冬天里水会结成坚冰，雨要凝成雪花，它也是不会相信的，这是因为它到了秋天就死了。今天你走出河岸来到大海之中，看到大海的无穷无尽及小河的狭窄，说明认识上已提高了很多。"

在这个传说中，河神的亲身经历及海神对他的劝导深刻地反映了物质决定意识的基本原理。河伯一直生活在陆地的河流之中，不可能产生对于海洋的认识；终日在井水中游来游去的鱼儿，也不会相信大海无风也会卷起百尺巨浪；只在夏天生长的虫子没有冬天的经历，它也不可能知道何者为冰。因此一旦他们突破了这些条件的限制，看到了更大的世界，则只能望洋兴叹了。

就人类社会的发展情况来说，社会存在指的是社会生活中物质方面的一切要素，是人类社会赖以生存和发展的各种物质生活条件，比如物质资料的生产方式，一定的地理条件以及人口因素。社会意识是指社会生活精神方面的一切现象，主要指在一定条件之下产生的人们的风俗、习惯、情绪、倾向等社会心理和一系列的诸如政治、法律、哲学、道德、艺术、宗教等社会意识形式。在两者的相互关系中；不管社会意识对社会存在具有多么大的反作用，它的产生、存在和发展都要受到社会存在的决定和制约。一个人在一定的历史时期生活，那么他的思想一定会打上这一时期的历史烙印；一个人没有在一定的社会环境中生活，也就很难产生在那样的社会环境才能产生的社会意识，就好像挣扎在死亡线上的贫民无法领略优美的芭蕾舞艺术一样，任何一个人思想的产生和发展都受到了一定的社会环境的制约。但是我们也不能把这种制约绝对化，而是要认真地学习和分析社会发展的规律性，加深对客观社会的认识，以此来推动社会的发展，否则面对新的事物可能会像河伯一样目瞪

口呆、望洋兴叹了。

"替猫说话"

——立场不同，对事物的反映就不同

朋友告诉我，他那上小学的宝贝儿子小明前些日子挨了老师一顿批评。

期末考试时，语文试卷给出了一篇寓言："小鸟病了，猫化装成医生想去吃小鸟，小鸟发现了猫露在口罩边的胡子，识破了猫的伪装而不肯上当，猫只得扫兴而归。"试卷要求学生写出这篇寓言的主题思想。

小明写道："要想达到目的，就应该努力把事情做得更仔细。"老师阅后十分生气，对小明说道："这篇寓言的主题思想是不要被敌人的花言巧语所欺骗，要善于识破敌人的伪装。你答得毫不切题，只能得零分。"小明不服气，分辩道："您喜欢小鸟，当然替小鸟说话，可我喜欢猫呀。"老师听后极为恼怒："你怎么是非不分，替坏蛋出谋划策？"小明说道："凭什么说猫是坏蛋？就因为它要吃小鸟吗？猫为了生存要寻找食物，这是它的天性。您不是也告诉过我们，原始人为了活下去，也要想尽办法捕捉小鸟和其它小动物，原始人也是坏蛋吗？"

听了朋友的讲述，我不由陷入沉思。倘若站在小鸟的立场上看问题，答案诚如老师所说；但如果站在猫的立场上看问题，小明的答法颇有道理。我知道这孩子是非常喜欢猫的。

寓言只是寓言，假如我们不了解寓言作者的真实意图，那就很难断定上述两种答案哪一种更为合理。显然，猫吃小鸟既可以譬喻成坏人作恶，也可以譬喻成人们为了某种目的（如获取生存资料）而采取的正当行动。

不过，这件有趣的事情毕竟给我们留下了一个启示，那就是人们对于事物的认识与各自的立场角度有关，立场不同，对事物的认识就

青少年应该知道的哲学知识

不同，或者对同一事物作出不同的解释；或者对不同事物作出相同的解释。

"瞎子"哲学
——唯心主义是荒谬的

当人们吃苹果的时候，注意的是它香甜的味道。很少有人会想到，对于苹果的感觉和苹果的存在关系问题，在哲学上曾引出过一场激烈的争论。

18世纪英国爱尔兰有一位大主教叫贝克莱，他提出了两个著名的哲学命题。第一个是"存在就是被感知"，另一个是"物是感觉的集合"。关于第一个命题，他曾以桌子为例加以论证，说：当我说我写字的桌子存在着，这就是说，我看到它而且感觉到了它；如果我走出我的书房后说桌子存在着，那就是说，如果我在我的书房里，我就能够感知它。贝克莱的言外之意，是离开了书房，没有直接感知桌子，因此，桌子就不存在了。关于第二个命题，他以苹果为例，认为人们观察到一定的颜色、滋味、气味、形状、硬度，它们结合在一起，就承认这是一个单个的物，并以苹果这个词作为标志。按贝克莱的意思，也就是说，当人们接触到一个看着红艳艳、摸着硬梆梆、闻着香喷喷、吃着甜滋滋的东西时，有了这样一些视觉、触觉、味觉等感觉的集合，就有了一个苹果。苹果就是感觉的集合。贝克莱由此引申出一个结论，就是"物是感觉的集合"。贝克莱的上述观点，实质上是对世界的根本看法上的错误。

世界是物质的还是精神的，哲学家依照他们对这个问题的不同回答而分成了两大阵营。凡是认为物质是第一性的，物质决定意识，思维是对存在的反映的，就是唯物论。相反，认为意识或感觉是第一性的，意识决定物质世界的存在，则是唯心主义的观点。贝克莱闭着眼睛不顾事

实，硬说存在就是被感知，没有感觉就没有客观事物，这也就难怪18世纪法国的唯物主义哲学家狄德罗要写一本《论盲人书》，专来批判他这种"瞎子哲学"了。费尔巴哈十分精彩地讽刺了这种"瞎子哲学"。他说，如果小猫所看到的老鼠只存在于小猫的眼睛中，如果老鼠是小猫的视神经的感觉，那么为什么小猫用它的爪子去抓老鼠而不去抓自己的眼睛呢？费尔巴哈接着回答说，这是因为小猫不愿意为了爱唯心主义者而自己挨饿。费尔巴哈把哲理批判寓于谈谐幽默之中，真是妙语生辉，发人深省。

其实，贝克莱有时也被自己的观点引入窘境。据说有这样一个笑话，一次，贝克莱同朋友在花园中散步，高谈哲理，朋友一不留神，脚踢在一块石头上，朋友问贝克莱这被踢的石头是否存在，这使贝克莱十分难堪。

显然，贝克莱的哲学观点是十分荒谬的，人对客观事物的反映是不能离开感觉的，但是，客观事物绝不会因人不感觉它就消失得无影无踪。

人不能两次走进同一条河流

——世界上的一切事物都是绝对运动和相对静止的统一

"人不能两次走进同一条河流"是古希腊唯物主义哲学家赫拉克利特的一句名言，列宁称他为"辩证法的奠基人之一"。

这句名言的意思是说，河里的水是不断流动的，你这次踏进河，水流走了，你下次踏进河时，又流来的是新水。河水川流不息，所以你不能踏进同一条河流。显然，这句名言是有其特定意义的，并不是指这条河与那条河之间的区别。赫拉克利特主张"万物皆动"，"万物皆流"，这使他成为当时具有朴素辩证法思想的"流动派"的卓越代表。

赫拉克利特的这一名言，说明了客观事物是永恒地运动、变化和发展着的这样一个真理。恩格斯曾评价说："这个原始的、朴素的但实质上正确的世界观是古希腊哲学的世界观，而且是由赫拉克利特第一次明白地表述出来的。一切都存在，同时又不存在，因为一切都在流动，都在不断地变化，不断地产生和消失。"

赫拉克利特还认为，事物都是相互转化的。冷变热，热变冷，湿变干，干变湿。他还明确断言："我们走下而又没有走下同一条河流。我们存在而又不存在。"他的这些著名论点，都显示了他从自发的辩证法出发看到了任何事物都是辩证发展的。

随着科学的发展，赫拉克利特的朴素的辩证法观点已被证明是正确的。一般说来，古代朴素的辩证法虽然正确地把握了世界辩证总图景的一般性质，却不足以说明其细节。自然科学的发展提供了说明细节的基础，从而也就产生了唯物辩证法。一切"皆动、皆变"已被证明是自然、社会以及人类思维的普遍规律。例如，科学已证明，一年四季的更替变化，白天晚上的循环不已，是由地球和月亮相互作用而引起的；地球上海水潮涨潮落的变化，也被牛顿用万有引力定律证明是由月球的引力决定的；社会的变化发展亦被证明是由基本矛盾的运动所决定的；生物的代代相传，也被生物科学证明是由生物的遗传基因所决定的。

总之，科学的发展已经证明并不断证明，客观世界的一切都是处在运动、变化、发展状态之中的，有静止也只是有条件的暂时的相对的静止。事物是绝对运动与相对静止的统一。

刻舟求剑

—— 运动是绝对的、无条件的；静止只是相对的、有条件的

战国时候，有一个楚国人坐船渡江。船正在江中行驶着，他一时疏

忽，"扑通"一声，将随身所带的宝剑掉到江里去了。他马上在船舷上落剑的地方刻下一个记号，并自言自语地说："我的剑就是从这里掉下去的。"船在江中行驶了好久，终于靠了岸。他急忙从船上刻着记号的地方跳下水去，寻找宝剑。结果，捞了半天什么也没捞到。

这就是著名的"刻舟求剑"的寓言故事。船是不停地向前走的，剑落在了江心，距离船停靠的岸边已经很远了。在船上刻上记号怎么能找到剑呢？从这里我们必须正确地把握运动和静止的辩证关系。

物质世界是处在永恒的运动、变化、发展之中的。绝对的静止、脱离运动的静止都是不存在的。从宏观世界到微观世界，从无机界到生命有机界直到人类社会，都没有不运动的事物。

就运动的基本形式来说，即包括简单的位置移动，场所变更的机械运动，也包括物理运动，化学运动；有各个生物体自身变化的新陈代谢运动，也有以社会基本矛盾的出现、激化、解决为标志的社会运动。运动是普遍的，是客观的，不以人的意志为转移的。承认与不承认这种绝对的运动是唯物辩证法与形而上学的根本分歧之一。

运动是绝对的、无条件的，那么对于一个具体的物质形态来讲又有静止的一面，比如一个人就其外形来看，一段时间内看不出有什么变化；一件家具放在屋子里与其它东西相比较也没有位置的变化；我们坐在船里，船在动而我们没有离开座位半步。承认这种一定条件下的静止是非常重要的，否则就无法使我们正确地认识客观事物。但是这种静止只是相对的，是绝对运动的一种特殊形态。虽然一个人在一段时间没有大的变化，但这只不过是没有质变，量的变化总是有的；一件家具放在屋里没有位置的变化，但它有内部的分子运动；我们坐在船上相互之间没有位置移动，但相对于岸上的参照物仍然在运动。

因此，运动是绝对的，静止是相对的。这个楚国人不懂得这个道理，以为只要自己坐的位置不动，其它条件也一定不动，结果再也找不到自己的宝剑了。

青少年应该知道的哲学知识

渔夫的誓言

——物质世界是绝对运动和相对静止的统一

古时候有个渔夫，是出海打鱼的好手。可他却有一个不好的习惯，就是爱立誓言，即使誓言不切实际，一次次碰壁也将错就错，死不回头。这年春天，听说市场上墨鱼的价格很高，于是他便立下誓言：这次出海只捕捞墨鱼。但是，此次鱼汛遇到的全是螃蟹，他只好空手而归。上岸后，他才得知，现在市场上螃蟹的价格最高。渔夫后悔不已，发誓下次出海一定只打螃蟹。第二次出海，他把全身注意力全放到了螃蟹上，可这一次遇到的全是墨鱼，他只好空手而归。晚上，渔夫躺在床上，十分懊悔。于是，他发誓：无论是遇到螃蟹，还是墨鱼，他都捕捞。可第三次出海，墨鱼、螃蟹，渔夫都没有遇到，他遇到的只是马鲛鱼。于是，渔夫再一次空手而归。

渔夫没有赶上第四次出海，就在自己的誓言中饥寒交迫地离开了人世。

物质世界是绝对运动和相对静止的统一。只承认静止而否认运动是形而上学的不变论，只承认绝对运动而否认相对静止则导致相对主义和诡辩论。故事中的渔夫用静止的观点看问题，死守着誓言，而不会变通，结果只能与希望擦肩而过，身败名裂。

难判的官司

——事物的运动是绝对性和相对性的统一

辩证唯物主义肯定物质在运动，运动是永恒的、无条件的，因而是绝对的，但也并不否认相对静止的存在。下面，我们先讲一个"官司难判"的有趣故事：

从前，有一个希腊人借了别人的钱。期限到了，债主前来讨债。这位希腊人无钱可还，便满有理由地说："世间一切都在运动、变化，借钱的我已经不是现在的我了。我没有欠你的钱，请快走开吧。"债主听了大怒，举手给了那个希腊人一记耳光。这两个人你一拳我一脚地撕打了起来，最后决定到法官面前去评理。法官问那个希腊人为什么借钱不还。希腊人低着头把理由重复了一遍。法官又责问债主为什么要打人，债主想了想，回答说："一切都是在运动、变化的，打人的我，已经不是现在的我了，所以我没有打人。"法官听了他们两人的话，瞠目结舌，不知如何判断才好。

　　要判清这场官司，需要辨明是非。首先肯定他们的理由都是站不住脚的。他们的错误在于坚持诡辩，不承认哲学上的相对静止，不承认静止都是有条件的。

　　相对静止，有两方面的含义：第一，是指物体之间的空间位置保持不变。例如一个人坐在房子里，他在房子的空间位置没有变化，这可以说他是静止的。问题还有另一方面。人和房子都在地球上，而地球在不停地自转并围绕太阳公转，而且人本身也在不停地呼吸，血液也在不断地循环，等等。所以，这个人实际上又在动。因此，我们上面说的静止，是相对来说的。物体在空间上的相对的位置没有发生变化，并不是绝对不运动，而只是说这种静止是运动的一种特殊状态。

　　第二，是指事物本身的性质在一定时期内基本不变。例如，某人从出生之日起到死亡以前，某人终归是某人。但这并不意味着这个人没有任何变化。人的一生，从少年、青年、中年到老年最终死亡，都在不断地变化着。只是说这个人在一定时期内没有发生根本性质的变化，处于量变过程之中罢了。

　　所以，静止是相对的、有条件的，而运动是绝对的、无条件的。动中有静，静中有动。世界上一切事物的存在和发展都是绝对运动和相对静止的统一。把相对静止看死了，绝对化了，否认运动，是思想僵化，必然导致形而上学；而借口运动的绝对性，否认静止的存在，也就否认了事物的稳定性，把事物看成是不可捉摸的东西，则会导致不可知论。

上面故事中的希腊人和债主都犯了这样的错误，他们只强调相对静止的存在，只强调运动的绝对性，因而才闹出了一场一方不愿意还钱，一方不承认打人的难断官司。

红卫兵的"红灯行，绿灯停"

——正确的规则是客观规律的反映

"红灯停，绿灯行"是一条最重要的交通规则，但是在"文革"期间，很多人特别是红卫兵为了"破四旧"，要求把此交通规则改为"红灯行，绿灯停"。周恩来总理召见了这些红卫兵，听取了他们的意见，又找到了光学专家来解释，做了大量的说服工作，最终保留了这个规则。

"红灯停，绿灯行"的交通规则不能更改，是由于光在传播中的客观规律决定的。红光的频率低、波长长，绿光的频率高、波长短，绿光在传输中损失的能量就比红光多。因此，在大雾的天气、烟尘天气下，在相同的距离内，应该先看到红光，这样便于采取必要措施，避免交通事故的发生。

规律是客观的，是不依人的意志为转移的，它既不能被创造，又不能被消灭；规律又是普遍的，没有规律的世界是不可思议的。这就要求我们必须遵循规律，而不是违背规律，一旦违背规律，就必会受到规律的惩罚。因此，我们在认识规律利用规律制定规则的时候，必须依靠客观规律并服从客观规律。

先有设计后有建筑

——物质决定意识，意识对物质有能动作用

有人问："按照定义来讲，物质指的是不依赖于人的主观思维，而能够被人的意识所反映的一切客观实在。意识指的是物质在人的头脑中的反映。一个建筑物无疑是物质的一种表现形态，而设计图是人脑思维的产物，是意识的。既然物质决定意识，意识是物质的反映，那么，就应该先有建筑物，后有设计图。但实际上又不是这么回事。这怎么和物质决定意识的原理统一起来呢？"那么，应该怎样回答这问题呢？

我们知道，物质的唯一特性是客观实在性。在物质与意识的关系中，物质决定意识的原则是任何时候都改变不了的，这一点还可以从意识的起源，在物质作用中得到证明。意识是自然界长期发展的结果，是人类社会劳动实践的产物，是人脑的机能，是物质的反映。既然是一种反映，那么没有被反映者就不会有反映。而且尽管反映形式是主观的，但反映的内容却是客观的，任何反映都会在客观世界中找到它的原型。即使是颠倒的、虚幻的、荒诞的反映，也仍然是对客观世界的一种反映，只不过这种反映是歪曲了的罢了，无论如何它改变不了物质是第一性的、意识是第二性的原理。

那么，为什么设计图作为意识的产物，却先于建筑物而存在呢？这恰恰说明在物质决定意识基础上意识的一种能动作用。因为人之所以与动物有本质的区别，原因之一就是能够进行思维。也就是说人不仅能够认识事物的现象，而且能认识事物的本质，并且利用这种对事物本质和规律性的认识，把它作为指导思想去能动地改造客观世界。

就建筑物和设计图来讲，当然是图纸在先，但是这个图纸是凭空任意想象出来的吗？不是，它是根据理论的指导及以前工作的经验，根据这项工作的要求和具体情况设计出来的，它不是简单的前人经验的再现，而是在其中增加了结合实际情况的创造性思维。这正是意识能动性

青少年应该知道的哲学知识

的具体表现，但是这种能动性的发挥，则必须遵守客观规律，必须抛弃一切主观随意性。因此物质第一性的原则在这里得到了更深刻的体现。

晏子使鲁
——要善于从变化了的实际出发

孔子听说晏子将要出使鲁国，便趁机打发自己的学生子贡去观察晏婴的言行，以便从中受到某种启迪和教育。

子贡回来对孔子说："人们称赞晏婴是个熟习礼节的贤明之士，可我今日所见，并非如此。"

孔子不信，便问："何以见得？"子贡说："礼书上写道：登阶梯时不能跨越，进献宝玉不应该跪着，可是晏婴的所为和上述规定相违背，可见他不过是个名不副实的贤士罢了。"

晏婴在上朝拜见鲁国国君后，专程来拜访孔子，两人谈得十分投机，当谈到礼时，孔子问："按照礼的规定，臣子在殿堂上不能快步走，给人家宝玉时不能跪着，您为什么没有这样做呢？"晏婴回答说："这次朝见时，贵国国君礼贤下士，不仅离座相迎，而且走得很快，所以我不敢怠慢，故越梯而行。至于那块玉，一则不算名贵之物，再则为报答贵国国君礼遇之恩，故下跪进献。"晏婴告辞后，孔子对学生赞叹说："谁说晏婴不懂礼呢？他不仅懂礼，而且善于灵活用礼，简直到了炉火纯青的地步啊！"

物质决定意识，意识对物质具有能动作用。要求我们想问题，办事情的时候，要坚持一切从实际出发，实事求是。晏婴在上朝拜见鲁国国君时，不拘泥于礼法，善于灵活用礼，为我们树立了榜样。

因势利导

——要正确认识规律、利用规律

战国时期，魏国有次攻打韩国。韩国向齐国求救，齐国派田忌为大将，孙膑为军师，发兵救韩。齐军直捣魏国首都大梁，魏将庞涓急忙从韩国撤兵回国保卫大梁。孙膑对田忌说："魏军骄傲轻敌，以为齐军不敢和他们作战。我们要因势利导，引诱他们中计。兵法上说，跑到百里以外去求利，要折损大将；跑到五十里以外去求利，士兵会损失一半。我们进入魏国境内后，头一天宿营做饭用十万个灶头，第二天宿营做饭用五万个灶头，第三天宿营做饭用三万个灶头。用这个办法来迷惑魏军，他们一定会紧追我们的。然后，我们再找机会打他们的埋伏。"

果然，庞涓带兵追踪齐军，发现锅灶一天天减少，就骄傲地说："我早知道齐军胆怯，现在进入魏国才三天，他们的士兵就跑了一半。"于是留下步兵，只带一部分骑兵，加速追赶齐军。孙膑判断魏军夜里将要赶到马陵，这里道路狭窄，地势险要，是打伏击的好地方，于是在这里埋伏重兵，杀败魏军，庞涓自己也自杀而亡。

在这一典故中，孙膑准确地判断了战争发展的规律，提出了"因势利导"的方针。"因势利导"也就是按照客观事物发展规律办事，利用规律取得成功的意思。在客观事物的发展过程中，事物与事物之间，存在着一种本质的、必然的、内在的联系，这就是规律。规律既不能创造，也不能消灭，是独立地存在于人的主观思维之外，不以人的意志为转移的。

我们认识事物主要是认识事物的规律，我们所做的一切工作都受到这种客观规律的制约。比如春天播种、夏天锄草、秋天收割，这就是我国北方农作物生长的规律。我们不能冬天播种，这样小苗会冻死；也不能夏天播种，那样不等成熟天气就已变冷。所以规律是不能违背的。

但是，我们可以认识规律，利用规律来为人类造福，农作物与四

青少年应该知道的哲学知识

季的关系主要是气候的影响，我们就可以人为地给农作物造成这样的环境，于是冬天仍然可以吃到新鲜蔬菜，四季都有适宜的收获。

孙膑的"因势利导"就是认识、利用了规律才最终战胜了魏军。他知道规律是不可违背的。魏强、齐弱的事实是必须承认的，不能硬拼。但是魏强却骄傲轻敌，齐国却能实事求是地判断双方的利与弊，于是利用自己的长处，抓住魏军的弱点，引诱他们中了埋伏，结果大获全胜。

因此，正确认识规律、利用规律应是我们一切工作的出发点。

生物学家受到的惩罚

——规律是客观的，违背规律就会受到它的惩罚

英国伟大的科学家、生物进化论的创始人达尔文是1836年出海航行回来以后不久结婚的。那时他二十六、七岁，正如他已经在科学领域获得了丰硕成果一样，他的爱情生活也是幸福美满的。达尔文的妻子就是他的表妹，名叫爱玛·韦吉伍德。结婚以后，他们买了一所有宽大花园的乡间住宅。在那里定居下来以后，他就专心致志于他的科学研究和写作。

爱玛是一个温存善良的女子，不仅关心、体贴达尔文，而且支持达尔文的科学事业。达尔文身体不太好，靠了爱玛对他的关心和安慰，他才战胜了疾病的折磨，并且以全副精力投入科学事业，从而对人类做出了巨大的贡献。

同时，爱玛还帮助他修改排印出来的著作和论文的清样，并且选用警句来加强达尔文论证的说服力。一旦达尔文病痛发作，她总是毫无怨言地对他倍加看护，以至达尔文经常对她说："像你这样照顾我，使我觉得即使生病几乎也是值得的！"他歌颂爱玛，称她是"世界上最好、最善良的妻子"，为他提供了"能够承受重担，得以将斗争进行到底的这样一个条件"。

达尔文当然也不辜负他的妻子。他对妻子的温情体贴不下于爱玛对他无微不至的关怀。他们两夫妻的生活无疑是十分契默和谐的。但是，不幸的阴影却悄悄地笼罩着他们的家庭。

这位伟大的科学家在婚恋问题上粗心大意地忽略了一个遗传学的规律：近亲结婚是有害于子女的。他被感情战胜了理智，同爱玛结了婚。但灾难性的后果也就酿成了，他们所生的10个孩子，都有各种各样的疾病。3个孩子很小时就夭折了，其中大女儿安妮，聪明伶俐，但娇弱多病，刚过了10岁生日就死了。其余7个孩子，除了三女儿伊丽莎白当了一辈子老处女外，竟有3个终生不育，就是二女儿埃蒂，大儿子威廉和四儿子纳德。而且，在达尔文的7个活下来的孩子中，都程度不同地患有精神病，有的还很严重。

达尔文家族原来人丁兴旺，到他的下一代，门庭就逐渐冷落了。事实雄辩地说明，客观规律是无情的，是不能违背的。即使如达尔文这样的对物种起源、生物进化有高深研究的科学家也是无能为力的，他违背了科学法则，同样要自食其果，受到惩罚。

零和游戏原理

——要从全面的实际出发

零和游戏原理源于博弈论。博弈论的英文名为game theory，直译就是"游戏理论"。一项游戏中，胜方所得与负方所失相同，两者相加，正负相抵，和数必为零，是谓"零和"。

"零和游戏"之所以广受关注，主要是因为人们发现，在社会的方方面面都有与"零和游戏"类似的局面，胜利者的光荣后面往往隐藏着失败者的辛酸和苦涩。但20世纪以来，"零和游戏"观念正逐渐被"非零和游戏"即"负和"或"正和"观念所取代。

"负和游戏"指一方虽赢但付出了惨重的代价，得不偿失，可谓没有赢家。赢家所得比输家所失多，或者没有输家，结果为"双赢"或"多赢"，称为"正和"。在竞争的社会中，人们开始认识到"利己"不一定要建立在"损人"的基础上。有效合作，得到的是皆大欢喜的结局。从"零和"走向"正和"，要求各方要有真诚合作的精神和勇气，遵守游戏规则，不要小聪明，不要总想占别人的小便宜，否则，"双赢"的局面就不会出现，吃亏的最终还是自己。

这启示我们物质决定意识，要求我们做到一切从实际出发。从实际出发，不是从单一的因素出发，而是要从复杂的全面的实际出发，去具体分析每一个事实，这样才能真正做到一切从实际出发。"零和"、"负和"和"正和"是游戏结果的三种事实，过去人们只从"零和"这个单一事实出发，而不能从全面的实际出发，尤其忽视了"正和"这一事实，从而导致人们形成了错误的主观认识，给个人和社会带来了一定的损失。

把木梳卖给和尚

——要从复杂的变化着的实际出发，正确地发挥主观能动性

有一家效益相当好的大公司，决定进一步扩大经营规模，高薪招聘营销主管。广告一打出来，报名者云集。面对众多应聘者，招聘工作的负责人说："相马不如赛马。为了能选拔出高素质的营销人员，我们出一道实践性的试题：就是想办法把木梳尽量多地卖给和尚。"

绝大多数应聘者感到困惑不解，甚至愤怒：出家人剃度为僧，要木梳有何用？岂不是神经错乱，拿人开涮？过一会只见应聘者接连拂袖而去，几乎散尽。最后只剩下三个应聘者：小伊、小石和小钱。

负责人对剩下的这三个应聘者交待："以10日为限，届时请各位将销售成果向我汇报。"

10日期到。负责人问小伊："卖出多少？"答："一把。""怎么卖的？"小伊讲述了历尽的辛苦，以及受到众和尚的责骂和追打的委屈。好在下山途中遇到一个小和尚一边晒着太阳，一边使劲挠着又脏又厚的头皮，小伊灵机一动，赶忙递上了木梳，小和尚用后满心欢喜，于是买下一把。

负责人又问小石："卖出多少？"答："10把。""怎么卖的？"小石说他去了一座名山古寺。由于山高风大，进香者的头发都被吹乱了。小石找到了寺院的住持说："蓬头垢面是对佛的不敬。应在每座庙的香案前放把木梳，供善男信女梳理鬓发。"住持采纳了小石的建议。那山共有10座庙，于是买下10把木梳。

负责人又问小钱："卖出多少？"答："1000把。"负责人惊问："怎么卖的？"小钱说他到一个颇具盛名、香火极旺的深山宝刹，朝圣者如云，施主络绎不绝。小钱对主持说："凡来进香朝拜者，多有一颗虔诚之心，宝刹应有所回赠，以做纪念，保佑其平安吉祥，鼓励其多做善事。我有一批木梳，你的书法超群，可先刻上'积善梳'三个字，然后便可做赠品。"主持大喜，立即买下1000把木梳，并请小钱小住几天，共同出席了首次赠送"积善梳"的仪式。得到"积善梳"的施主与香客很是高兴。一传十，十传百，朝圣者更多，香火也更旺。这还不算完，好戏跟在后头。主持希望小钱再多卖一些不同档次的木梳，以便分层次地赠给各种类型的施主与香客。

物质决定意识，要求我们做到一切从实际出发。从实际出发，不是从单一的因素、不变的因素出发，而是要从复杂的变化着的实际出发；从实际出发，也不是要人们消极地适应客观情况，人们可以充分发挥主观能动性改变事物的原有状态。小钱之所以能成为营销高手，正是他从复杂的变化着的实际出发，充分而正确地发挥了主观能动性的结果。

"与可画竹时，胸有成竹"

——只有正确地认识和利用规律，才能实现由必然王国向自由王国的飞跃

北宋时期有一位著名画家叫文与可，他特别擅长画竹子，他画的竹子栩栩如生，清秀逼真，非常出色。

文与可学画非常认真，为了画好竹子，他在窗前种了许多青竹，每天都仔细观察竹子的枝叶状态和生长情况，了解竹子在不同季节和不同天气里的形态变化。经过长期的种竹实践和观察、揣摩，他不仅对竹子的特性了如指掌，而且在脑海里形成了各种各样竹子的形象。正因如此，在他动笔作画之前，要画什么样的竹子，怎样构图、着墨，他心中早就有了轮廓，不必费尽心思，反复琢磨，而能一挥而就，挥洒自如，出色地画出各式各样的竹子。因此他的一位朋友赞扬他说："与可画竹时，胸有成竹。"意思是说文与可在画竹子的时候，完美的竹子形象，早就在他的心里构思好了。

文与可画竹之所以挥毫泼墨自如，一方面是由于他本身的国画功底；另一方面则是他长期的观察、实践，这里面就体现着人类对事物的认识从必然向自由的发展。

必然指的是客观事物的规律，也就是客观事物内部的、本质的、稳定的联系。自由是指人们对于必然规律的认识以及对于客观世界的改造。自由不在于摆脱客观规律而独立，而在于认识这些规律，利用这些规律来改造客观世界。规律是客观的，不以人的意志为转移的。不管我们能否认识到，也不管我们是否喜欢它，需要它，只要条件具备，规律都要发挥作用。在人们还没有认识到某种规律时，在某方面就处于盲目的被支配地位，没有任何自由可言。一旦人们认识了某种规律，就可以自觉地运用它来改造客观世界，这时人们就掌握了自由。

从整个社会的情况来看，原始人对客观规律知之甚少，所以几乎

没有什么自由，现代人掌握了一定的自然规律，社会规律，就有了较大的自由。随着社会的发展，科学技术的进步，人类将会有越来越大的自由，但是由于客观世界发展的无限性，绝对的彻底的脱离必然的自由是不存在的。

文与可画竹就有着这样一个从必然向自由的发展过程。他开始画竹时也不是得心应手的，只是机械地临摹竹子的外形。那时对于画竹他还是处于必然王国。为了画好竹，他又种竹又观竹。不仅竹子的一般形态已牢记在心，就是对不同季节竹子枝叶的变化，不同种类竹子的特征也都了如指掌。这时他对竹的了解就由必然王国进入了自由王国，画起竹来自然得心应手，胸有成竹了。

世界上最伟大的推销员

——想问题、办事情要做到客观规律性和主观能动性的统一

青少年应该知道的哲学知识

乔·吉拉德被誉为世界上最伟大的推销员，他在15年中卖出13001辆汽车，并创下一年卖出1425辆（平均每天4辆）的记录，这个成绩被收入《吉尼斯世界大全》。那么你想知道他推销的秘密吗？他讲过这样一个故事：

记得曾经有一次，一位中年妇女走进我的展销室，说她想在这儿看着车打发一会时间。闲谈中，她告诉我她想买一辆白色的福特车，就像她表姐开的那辆，但对面福特车行的推销员让她过一小时后再去，所以她就先来这儿看看。她还说这是她送给自己的生日礼物："今天是我55岁生日。"

"生日快乐！夫人。"我一边说，一边请她进来随便看看，接着出去交待了一下，然后回来对她说："夫人，您喜欢白色车，既然您现在有时间，我给您介绍一下我们的双门式轿车，也是白色的。"

我们正谈着，女秘书走了进来，递给我一打玫瑰花。我把花送给那位妇女："祝您长寿，尊敬的夫人。"

显然她很受感动，眼眶都湿了。"已经很久没有人给我送礼物了。"她说，"刚才那位福特推销员一定是看我开了部旧车，以为我买不起新车，我刚要看车他却说要去收一笔款，于是我就上这儿来等他。其实我只是想要一辆白色车而已，只不过表姐的车是福特，所以我也想买福特，现在想想，不买福特也可以。"

最后，她在我这儿买走了一辆雪佛莱，并写了一张全额支票，其实从头到尾我的言语中都没有劝她放弃福特而买雪佛莱的词句。只是因为她在这里感受到了重视，于是放弃了原来的打算，转而选择了我的产品。

乔·吉拉德一方面自觉遵循价值规律和市场营销等经济规律，一方面又通过自己的主观努力，不懈追求，终获成功。这体现了客观规律性和主观能动性的统一。

庖丁解牛

—— 规律是客观的，要自觉按规律办事

战国时期，魏国的国君魏惠王有一次来看庖丁宰牛。

庖丁是魏国著名的厨师，他解剖牛的时候，手、脚、肩膀、膝盖的动作和刀的响声同音乐一样有节奏，他毫不费力地把牛的骨头和肉分割开来，手起刀落，干净利索。

魏惠王看后十分惊叹、佩服，便问他："你的手艺怎么这样高啊？"

庖丁答道："其实，这没有什么奇怪的，因为我对牛的肉和骨头的结构已经很熟悉了。开始我眼中所看见的，都是一头头完整的牛。学了三年之后，我看到的就不是一头整牛，哪里是关节，哪里是筋骨，从

哪里下刀，需要用多大力气，全部心中有数。我顺着肉和骨头相接的地方，一刀一刀地把它们分开，毫不费力。"他接着说："一般宰牛人用的刀，一个月就得换一把，因为他们的刀刃经常碰到骨头，宰牛的能手可以一年换一把刀，因为他只用刀来割肉。可是我这把刀，已经用了十几年，解剖了几千头牛，还像新刀一样的锋利，因为肉与骨头之间有一条缝，我看准了它轻轻地把刀插进去，肉就一块一块地落下来。当然，遇到复杂的结构，我也要聚精会神，认认真真，小心翼翼，才能万无一失。"

庖丁解牛，在他的眼中不仅是完整的牛，而且还看到了牛的各个部分之间的联系。在客观事物中，联系是非常普遍的，有内部的，有外部的，有必然的、有偶然的，有本质的，仑非本质自之和。事物内部的、稳定的、必然的、本质的联系就是事物的规律性。这种规律性决定着事物的性质，存在的特点和发展的趋势，规律是客观存在的，不以人的意志为转移。不管我们承认与不承认，认识到与没有认识到，对我们有利还是有害，只要条件存在它就必然发挥着作用。因此，我们在工作过程中一定要正确地认识规律，自觉地按照客观规律的要求办事，这是唯物主义一元论的要求。

同时，在规律面前人们并不是完全的消极被动，我们又可以认识规律、利用规律来取得改造自然和社会的良好效益，这就是正确发挥人的主观能动性的问题。

庖丁自觉不自觉地在实践中遵循这一基本原理，他知道解牛必须按牛自身的构造出发，不能蛮干，要遵循解牛的规律，而要想解好牛就必须充分地发挥主观能动性去实践，去认识。经过20年的实践，他终于清楚地了解了牛各器官的位置及骨骼的特点，认识到了解牛的规律性，于是才能游刃有余，毫不费力地把牛的骨头和肉分割开来了。

"荆人循表"的故事

——事物是运动变化的

说起思想僵化，在《吕氏春秋察今》中的"荆人循表"的故事，可谓是典型了。故事的情节是这样的：

有一次楚国和宋国作战。楚国打算偷渡灕河，袭击宋国。于是派人到河岸边，在可以渡过的浅水地方作了标记。后来河突然涨水，已不能徒步渡河了。但是楚国的军队不顾情况的变化，仍然按照原定计划，在深夜里顺着灕河岸边作了标记的地方徒步渡河。河水又湍又急，一下子淹死了1000多人。士兵们惊慌失措，好像房屋倒塌下来一样，大吵大嚷，乱作一团，真是"荆人尚犹循表而导之，此其所以败也"。

这个故事形象地刻画了楚国军队的死板。河不是"死水一潭"，其深浅缓急不会常驻不变，但楚军却只顾循表，当然会铸成大错了。

其实任何事物，都是处在不断的运动变化之中的。事物出现一定的相对稳定的状态是有条件的，随着时间的推移，条件的改变，原有的状态就会改变。孙武说得好："五行无常胜，四时无常位，日有短长，月有死生。"用马克思主义的哲学观点说来，即具体事物的存在状态，会随着条件变化而改变。如果人们的思想不注意事物存在的具体条件的变化，不随其改变作出相应的调整，就会使思想脱离实际，造成思想僵化，从而在具体行动中出错。

思想僵化的危害是极大的。人们做事情总是有一定的计划的，而正确的计划只有来自对客观事物的准确的分析和判断，这实质上就意味着对客观事物的存在状态和条件有个正确的认识。

但是，客观事物总是变化的，这就要求人们在思想上作出相应的改变，否则就会造成指导思想过时，从而使行动的后果与自己的愿望背道而驰。无论个人和国家都是这样的，就拿国家处理经济问题来说：市场的供求矛盾总是随着具体的条件变化出现各种具体情况，有时是供不应

求，有时却是供过于求。如果不注意这些具体的变化，或把针对供不应求采取的经济政策用于供过于求的矛盾状况，或把针对供过于求采取的经济政策用于供不应求的矛盾状况，都会造成经济决策上的重大失误。

当然，解决各种问题要靠各种专业知识，但是，从上述所讲的思想僵化的危害性来看，说明掌握正确的哲学思想，可以使人们在思维方法上既唯物又辩证地看待问题，从而避免犯一般性的思想方法的错误。

郑人买履

——教条主义是十分有害的，必须摒弃

春秋时期，有个郑国人打算到集市上去买鞋穿。于是，他先把脚的长短量了一下，记下了一个尺码，可是他在临走时粗心大意，竟把尺码忘在家中。到了集市上找到卖鞋的地方，正要买鞋；忽然想起尺码的事，于是就对卖鞋的说："我把鞋的尺码忘在家里了，等我回家把尺码拿来再买。"说完就往家里跑。等他跑回家拿了尺码，又急急忙忙地返回集市上时，天色已晚，集市已经散了。他白白地跑了两趟却又没有买到鞋子。有人知道了这件事；觉得非常奇怪，就问他："你为什么不用自己的脚去试试鞋子，偏偏要回家去拿尺码呢？"他却振振有词地答道："我量的尺码是非常准的，用脚哪有尺码准确呢？"

这个"郑人买履"的寓言故事非常深刻地讽刺了那些只相信教条而不顾客观实际的人。在实际工作中的教条主义主要是不理解理性认识与感性认识的关系，而把理性认识绝对化。

我们认识事物的时候，开始只是接触和了解这一事物的表面联系和外部特征，这是感性认识，是直观的、片面的。在我们不断地进行实践的过程中，感性认识不断积累和反复，于是对这一事物的认识不断深化，正确反映了这一事物的本质和规律性，这个认识就是理性认识。理性认识是在感性认识的基础上产生的，是认识的高级阶段，是单凭感官

无法完成的认识，这个认识已不是对于事物表面的外部联系的认识，而是能够指导实践活动的经过抽象思维而形成的认识了。

在我们的实践活动中，没有理论的实践是盲目的实践，成功率极低；但如果只注重理论而不从实际出发，不相信产生理性认识的实际，那就会步入教条主义的歧途。这个郑国人白白地跑了两趟，只相信自己量出来的尺码，却不相信产生这个尺码的自己的脚，实际上就是犯了这种教条主义的错误。

实际生活中，仍然有人在重犯郑人买履的错误，他们轻视或否认感性认识，不从实际出发、不调查研究，只是从本本出发。不是把马列主义当作行动的指南而是当作教条，当成包医百病的药方，不问时间、地点、条件而生搬硬套，而对于本本上没有提到的事情则一筹莫展。这种教条主义实质上抽去了马克思主义的灵魂，扼杀了真理，是必须摒弃的。

掩耳盗铃

——要反对主观唯心主义

对思维和存在哪一个是世界本原问题的不同回答，构成了唯物主义和唯心主义的两大派别。凡是承认思维（精神）是第一性，存在是第二性，认为思维决定存在的，就是唯心主义。

而主观唯心主义是唯心主义的一种形式。18世纪英国哲学家贝克莱，就是主观唯心主义的代表。他不承认精神是不可能脱离物质而独立存在的唯物主义道理，错误地认为只有人的感觉和意识才是真实的东西，才是存在的基础，才是客观世界的本原，甚至还提出"存在就是被感知"，客观事物是人的各种"感觉的集合"的荒唐结论。

寓言"掩耳盗铃"中的盗铃人，就是一个典型的主观唯心主义者。

相传，古代有一个人，看见邻居范家的大门上挂着一只门铃，便

想把它偷走。如果去摘那个门铃，门铃一定会发出"叮当"的响声，被人发觉。怎么办呢？他想了一个办法：把耳朵捂起来不就听不见铃响了吗？想罢，他得意地把自己的耳朵捂起来，就大胆地去偷门铃。结果是可想而知了。这个愚蠢可笑的盗铃人，正是主观唯心主义者们的自画像。

主观唯心主义者把客观存在当做感觉的产物，认为离开人的感觉或意识，事物就不存在了。这是多么荒谬的观点呀！我们都明白这样的道理：世界上的一切事物都是客观的，实实在在地存在着。不管我们感觉还是没有感觉到它们，事物都照样地存在着。自己听不到不等于别人听不到，客观事物不会因为我们没有感觉到，就不复存在了。所以说，主观唯心主义的理论，正像掩耳盗铃人荒谬的举止一样可笑。

画蛇添足

——不能将主观空想强加于客观事物

"画蛇添足"是一个比喻做多余的事，反而弄巧成拙的成语。这个成语揭示了深刻的哲理。成语说的是：

楚国有一个贵族人家，一次祭礼完毕后，把所用的一杯酒给了几个门客。几个门客面对着这杯酒，一时不知怎么办才好。后来有个门客想出了一个主意，说："我有个办法，咱们在地上画蛇，谁先画好，谁就喝这杯酒。"众门客一致同意，于是就开始各自画蛇。转眼之间，其中一人首先画好了一条蛇。他拿起酒杯正想喝，看见别人还没有画完，便左手拿杯，右手握笔，得意忘形地说："看这条蛇没有脚，让我给它添上几只。"正当他在给蛇添足时，另一个门客的蛇已经画完，于是从第一个人手里夺了酒杯，大声说："蛇本无足，你为什么给它添上？"说罢，举杯一口饮尽。画蛇脚的人，张口结舌，说不出一句话来。

蛇本来没有脚，可那个自作聪明的人硬给它添上几只脚，结果，

青少年应该知道的哲学知识

从胜利者变成了失败者。这里所包含的哲学道理就是，客观事物原本怎样，人们就应该如实地反映它，否则，人为地或主观任意地添枝加叶，歪曲了事物的实际面貌，就必然得到相应的"惩罚"。从广义上说，客观事物的规律是怎样的，人们就应该如实地反映，在反映的过程中可能出现差错或认识不足，但决不能主观地、任意地歪曲它。

"画蛇添足"虽是一个久远的故事，但在我们现实工作中有时也会遇到类似的情形。有些人在处理问题时，不是如实地反映客观实际，不是依据实际情况定计划、想办法，而是自作聪明，任意标新立异，硬把自己的空想强加于客观实际，从而招致工作失误。这与"画蛇添足"实质上是一样的，都是采用主观任意性代替客观实际的哲学思维方法，我们应该屏除或尽力避免这种思维方法。

"巧妇难为无米之炊"

——意识能动作用的发挥，要受到物质条件制约

"巧妇难为无米之炊"指的是最能干的妇女没有米也做不出米饭来，比喻没有必要的物质条件作保证，什么事情也不可能办成。这正道出了一条重要的哲学原理。？

辩证唯物主义告诉我们，意识对物质的能动作用是巨大的，但是，人们无论怎样充分发挥意识的主观能动作用，都必须依赖一定的物质条件和物质手段。认识世界是如此，改造和创造世界更是如此。

人们对客观世界的认识程度，是同物质条件的发展水平密切联系着的，特别是在现代的条件下，几乎一切科学的认识，都离不开一定的物质手段。例如，要认识宏观天体，就需要天文望远镜，光谱分析仪等观测设施；要认识微观世界；就需要有基本粒子探测器、基本粒子加速器等物质技术装备；要深入地认识其他任何事物，也都需要相应的物质手段。

关于人们改造和创造世界的活动所依赖的一定的物质条件，更是容易理解的。例如，没有布料与针、线，巧手的裁缝不会裁制出任何一件衣服；没有砖瓦、木料，再高水平的建筑师也造不出一间普通的房屋；没有米、面，再巧的媳妇也做不出一顿饭菜来。

总之，意识的能动作用绝不容忽视，但是这种作用的发挥要受到物质条件的制约。形而上学的唯物主义虽然坚持物质第一性、意识第二性的观点，但是它把意识对物质的反映看成是消极的、被动的、直观的，抹煞了意识的能动作用，这是错误的；而唯心主义走上了另一个极端，脱离物质条件的制约，片面夸大意识的能动作用，认为精神无所不能，这就离开了辩证唯物主义的基本原理。所以我们说，"巧妇难为无米之炊"这句成语，正说明了意识能动作用的发挥，要受到物质条件制约的辩证唯物主义原理。

秀才与梦

——树立正确的思想意识，克服错误的思想意识，保持积极向上的心态，实现人生价值

有位进京赶考的秀才，在考试前两天做了三个梦。

第一个梦是自己在墙上种白菜；第二个梦是下雨天，他戴了斗笠还打伞；第三个梦是跟梦中情人擦肩而过，失之交臂。秀才感到这三个梦颇有深意，就赶紧去找算命先生解梦，算命的一听连拍大腿说："你还是趁早回家吧。你想想，高墙上种菜不是白费劲吗？戴斗笠打雨伞不是多此一举吗？跟梦中情人擦肩而过，不是没缘分、没戏吗？"秀才一听，心灰意冷，回店收拾包袱准备回家。店老板非常奇怪，问："明天不是考试吗，今天你怎么就回乡了？"秀才把算命先生的话如此这般一说，店老板乐了："哟，我也会解梦的，你想想，墙上种菜不是高种（中）吗？既戴斗笠又打伞不是说有备无患吗？"秀才一听，觉得很有

道理，于是精神振奋，信心十足，情绪高涨，在考场上更是文思泉涌，最后果然金榜题名。

故事的真实与否我们不必追究，但是现实生活中类似的人与事却不少。辩证唯物论告诉我们，物质决定意识，意识对物质有反作用。正确的意识能有效指导人们开展实践活动，促进客观事物的发展；错误的意识则会把人的活动引向歧途，阻碍客观事物的发展。

因此，我们一定要重视意识的作用，重视精神的力量，自觉地树立正确的思想意识，克服错误的思想意识。秀才先是"心灰意冷准备回乡"，后来"信心十足金榜题名"就说明这一点。历史唯物主义价值观告诉我们，在一定的客观条件下，主观能动性发挥越充分，个人条件越成熟，个人对社会的贡献就越大，人生也就具有更大的价值。这就要求人们全面提高个人思想、知识、心理和身体素质，埋头实干，顽强拼搏，创造条件实现人生价值。秀才的成功告诉我们，保持积极向上的心态，是走向成功、实现自己人生价值的重要条件。

祖孙抬驴

——看问题角度不同，所产生的动机也不同

鲁迅曾讲过一个印度故事，爷爷和孙子去赶集，爷爷骑在驴上，孙子在下边走，有人看了说，爷爷太不懂事了，让小孩走路。爷爷听了以后，赶快把驴让给孙子骑。又有人说话了，应该照顾老人嘛，为什么孙子骑驴呢？爷爷和孙子听了觉得一个人骑驴总不大好，于是两人都骑在驴上。谁知又有人说，两人骑驴不是要把驴压死吗？爷爷和孙子听了，就把驴捆起来抬着走。

这个故事反映着哲学中动机与效果这对范畴的思想。所谓动机，即是引起人们进行某项活动的主观愿望、设想、打算，它是属于主观范畴；所谓效果，则是指人们进行该项活动所产生的某种客观结果，它是

属于客观范畴。

由于人们看问题角度不同，所产生的动机也不同。因此一个人的主观愿望和设想，只要顾及到一定的效果，就应当坚持独立的见解。人不能缺乏应有的自信和主见。当断不断，必受其乱，遇事盲从，屈服某种压力，受别人左右的人，他所做的事情不会有好的效果。

诸葛亮隆中献策

——客观决定主观，主观反作用于客观

东汉末年，天下大乱。汉王室后代刘备也想争得一席之地，但又苦于身边无人。后来，由徐庶介绍，得知隆中诸葛亮是个了不起的人物，便亲自登门拜访，请诸葛亮出山。通过"三顾茅庐"，诸葛亮才答应下来。刘备见诸葛亮已经答应，心中十分高兴，马上就向诸葛亮请教以后的计策。诸葛亮起先并不谈论政事，而是从厨中拿出一幅地图，向刘备讲解地理形势，然后断定说："依我看来，天下必先成三国。"

刘备听了觉得非常新鲜，忙问是何道理。诸葛亮说："董卓造乱以来，出来争夺天下的人真是不少，可是到眼下剩下的也不过曹操、孙权、刘表、刘璋这帮人了。曹操，足智多谋，兵多将广，又控制了皇帝，对他的确不好办。孙权呢？有富饶的江东之地，又占有长江天险，人心也归向他，所以只能与他联合，不能敌对。至于荆州，情况就不一样了，在地理上，它有汉水，两水两条河流，南到南海，东面靠着吴郡、会郡，西和巴蜀相通，是兵家必争之地。这种地方，没有真正本领的人是守不住的。可是，现在这块地的主人刘表病得厉害，早晚性命难保。我看既要统一天下，首先应当将这块土地拿下来。还有西川益州，那里土地肥沃，物产丰富，是个天府之国，可是刘璋是个无能之人，看样子也实难维持下去；那里的老百姓，都想要立一个贤明的君主，这不又是一个大有希望的地方吗？我想你既然是汉朝王室的后代，在外名誉

又好，可以充分利用这些条件，见机行事。如果我们先抓住荆州、益州作为根据地，那时就必定出现三个国家并立的局面。这时，只要我们对西南少数民族采取和好、扶助的政策，对东吴采取联合的政策，再好好地治理内政，做好充分准备，时机一到，便可向中原出兵，统一天下希望可大呢！"

刘备听了，十分佩服。事后，便依靠诸葛亮，并按照诸葛亮所提出的方法，联合孙权，在赤壁这个地方打败了曹操。胜利之后，乘机扩大了自己的势力，相继夺取了荆州和西川，建立了蜀国，和曹操的魏国，孙权的吴国并存，形成了三足鼎立的局面。

这是《三国演义》当中的一段故事。它说明人的主观认识是由客观决定的，正确的认识来自于对客观形势的正确反映；而正确的主观认识一旦形成就能发挥巨大的反作用，从而推动客观形势的改变。这就是主观和客观这一矛盾的辩证关系。

女王叫门

——一切要以时间、地点、条件的变化为转移

有一次，英国女王维多利亚在金碧辉煌的白金汗宫举办盛大的宴会，招待各国贵宾。她的丈夫阿尔伯托也参加了宴会。宴会上维多利亚与各国的贵宾谈话，忙得不亦乐乎。阿尔伯托在一旁闲着无事，他作为一个陪衬，又不得不坐在旁边，感到非常无聊，于是就找了一个机会，一个人悄悄地回到自己的房间，关起门睡觉。

夜深人静，曲终人散，贵宾们相继告辞，女王也感到疲惫欲回房里休息。但是，房间的门紧紧闭着。她轻轻地敲敲门。阿尔伯托问："是谁？"维多利亚回答："女王。"房间的门却没有开。女王又敲了敲门，里面又问："是谁敲门？""维多利亚。"女王回答。但是，门还是没有开。女王生气了。一个女王敲不开一扇门，这太过分了。准备走

开。但走了几步，她又转了回来，准备再试一次。她又一次轻轻地敲了敲门，里边又轻声问："谁呀？""你的妻子。"维多利亚轻声回答。这一次，阿尔伯托开了门，微笑着请女王进去。

现实生活中我们会扮演各种不同的角色，各个角色都有自己特定的身份内容。如果我们无视时间、地点、场合的变化，一律采用同一个角色往往就会把事情搞坏。"女王叫门"的故事启示我们，在实际工作中要想把事情办好，就必须做到从变化的实际出发，具体问题具体分析，一切以时间、地点、条件的变化为转移。

顺其自然

——主观能动性的发挥要以客观规律为基础

青少年应该知道的哲学知识

一位建筑师设计了一套综合楼群。崭新的楼房一座座地拔地而起，即将竣工时，园林管理部门的人向建筑师要铺设人行道和绿化等的设计。建筑师说："我的设计很简单，请你们把楼房与楼房之间的全部空地都种上草。"

园林工人虽然很不理解，但是只能依据建筑师的要求去做了。结果在楼房投入使用以后，人们在楼间的草地上踩出许多小道，走的人多就宽些，走的人少就窄些。在夏天，草木葱葱的季节，这些道路非常明显、自然、优雅。

到了秋天，建筑师让园林部门沿着这些踩出来的痕迹铺设人行道。当地的居民对这位建筑师的人行道设计非常满意，他们感到方便、和谐、优雅，愿意走这些道路。

成功优美的设计，是由于建筑师掌握了顺其自然的技巧。这个故事告诉我们做事情必须抛弃主观随意性，以物质第一性为原则，遵守客观规律。

带补丁的新装

——坚持辩证唯物主义，反对机械唯物主义

清朝乾隆嘉庆年间，有一位西洋人，长期居住中国。时间久了，衣服也破了，但却无处制作新衣，十分苦恼。没有办法，只得找到一个中国裁缝，问他能不能做西服？裁缝回答："只要有样式，就可以做。"于是西洋人就拿了一套西服，让他照着样子去做。

过了几天，新的西服做好了，西洋人拿来一看，果然不错，长短大小全都一样，可是翻到后面一看，突然发现剪去了一块，又补缀了一块。西洋人感到奇怪，问他为什么这样做？裁缝回答说："这是完全照着你的样式做的呀！"西洋人听了，恍然大悟，原来他的西服样式后面有一补丁。

这个生动的故事是对机械唯物主义者的一个绝好的讽刺，他们办事情就是依样画葫芦，只知机械地效法和模仿，不懂灵活创新，带着这种思想方法处理问题，往往造成不应有的贻害。

疑邻偷斧

——不能从实际出发分析问题处理问题，就会犯唯心主义先验论的错误

有个人丢失了一把斧头，怀疑是邻居家的孩子偷的。

他看看那孩子走路的动作，鬼鬼祟祟，像是偷了斧头；瞧瞧那孩子脸上的表情，慌慌张张，像是偷了斧头；听听那孩子说话的样子，吞吞吐吐，也像是偷了斧头。总之，那孩子的一言一行，一举一动，没有一点不像是偷了斧头的。

不久，这个人在山沟里挖地的时候，找到他丢失的那把斧头。他

再见到邻家的孩子时，看到孩子的动作神态，没有一点像是偷了斧头的了。

　　这个丢斧子的人，是个典型的唯心主义先验论者。唯心主义先验论认为思维的逻辑范畴，如因果性、必然性、时空性等等都是先于实践经验的，是人脑中固有的，认为"物是感觉的复合"，只有感觉才是唯一真实的。而感觉和经验又是主观自生的，不是客观存在的反映。如果一个人不懂得实践出真知的道理，不能从实际出发分析问题处理问题，就会自觉或不自觉地像那个丢斧者一样，犯唯心主义先验论的错误。

第三篇 掌握辩证方法 树立创新意识

辩证看待"勤"和"俭"

——矛盾的双方是既对立又统一的关系

在我们的实际生活中总是把"勤"和"俭"放在一起来谈论，因为两者是辩证统一的关系。生活中只"勤"不"俭"会勤而徒劳；只"俭"不"勤"会俭而无用，只有将两者辩证地结合起来才能过上好日子。过去，有一个流传于民间的故事形象生动地说明了这一生活哲理。

这个故事说的是：从前有一个老汉很能勤俭持家。他勤劳而节俭，日子越过越好。为此，乡亲们送给他一块写着"勤俭"两字的匾，表示对他勤俭美德的赞赏。后来，老汉死了，他临死前将两个儿了叫到跟前反复叮咛，要他们按匾上的字做。两个儿子听从了。

老汉死后不久，两个儿子就分了家。在分家产时也把匾从中锯开，老大分到了有"勤"字的那半，老二得到的是"俭"字那一半。当他们

开始自己过日子后，都想起了父亲临死前的嘱咐，决心按匾上的字去做。结果，老大记着"勤"字，非常勤劳，但俭而不足，结果是人不敷出，日子过得紧巴巴的。老二呢，光"俭"不"勤"，懒于耕作，分的家当很快就坐吃山空，最后只好靠讨饭度日。

这虽然是一个传说中的故事，但它告诉我们"勤"与"俭"是不能分开理解的，更不能像上边故事所讲的那样去做。从哲学的辩证法角度来说，勤与俭是一对矛盾，两者是有区别的，但又是统一的，是彼此依存，互为条件的。如果一方离开另一方，便会使每一方都失去存在的意义。"勤"可以使人获得财富，"俭"则可以使财富用之有度，如果分割对待，靠勤得来的财富会因"不俭"而挥霍殆尽，或是只知节俭，却无物质保证，只能是俭而无用，日子都是过不好的。对国家来说更是如此，一个国家再富，如果浪费成风，挥霍无度，也不可能维持很久的，更何况我国目前的物质生活水平还较落后。在我们的现实生活中，有的人吃公家的，拿公家的，任意浪费；工业生产方面的浪费更是惊人，能源、材料等不能充分利用，有的贵重金属成了捡破烂人看中的"废物"。这种浪费实在令人担忧，不俭国何以能富？

总之，勤与俭是辩证统一的，它在我们的生活实践中，只有有机地统一起来，才能使日子过得好。这是从生活中得来的道理，也是最重要的哲理之一。虽然我们不可能人人都是哲学家，但生活中需要有辩证的思考，需要人们懂得唯物辩证法的道理。

54

青少年应该知道的哲学知识

"千金买骨"出奇迹

——因果联系是客观的、普遍的，不以人的意志为转移，要善于分析事物的因果联系

从前有个国王想得到一匹千里马，于是各处张贴布告，说他愿意出1000两黄金买一匹好马。可是三年过去了，一匹也没有买到。因此，

国王心中很烦闷。这时，国王身边有个侍臣愿意带上1000两黄金出去替国王买马，国王同意了。侍臣到处奔走，三个月后才有了一点线索，可是等他赶到，那匹千里马已经死了。侍臣就拿出500两黄金，把那匹马的尸骨买下来，带回国送给国王。国王一看他买回来的是马骨头，非常生气，斥责说："我要的是一匹活的千里马，你白白地花掉了500两黄金，买回一堆死马骨头，有什么用处？"侍臣回答说："您不是要买千里马吗？可是为什么几年都没能买到？这不是因为世界没有千里马，而是因为人们不相信您会真的出重金买马。如今我花了500两黄金，给您买了一堆千里马的尸骨，消息传开，天下人都知道您珍惜千里马，很快就会有人把活的千里马给您送来。"果然，不到一年，就有好几个人把千里马送上门来了。

这是战国时期，燕国著名的谋士郭隗给燕昭王讲的一个寓言故事，燕昭王受到了千金买骨的启发重用了郭隗。于是，大批的军事、政治人才云集燕国，使燕国强盛了起来。

这个事例非常生动地说明了准确把握客观事物因果联系的重要作用。因果联系是揭示客观世界中普遍联系着的事物之间，引起和被引起的前后相继、相互制约的一对哲学范畴。在现实世界中的任何一种现象，必然是由另外一种或一些现象引起，它又必然引起另外一种或一些现象。引起某种现象的现象就是原因；被某种现象引起的现象就是结果。这种引起和被引起的联系就是因果联系。因果联系具有时间上前后相继的特点，但并不是所有前后相继的事物都具有因果联系，因果联系是客观的、普遍的，不以人的意志为转移的。有时候我们对某一事物的发生、发展的原因还没有找到，但并不能说这一事物的发生、发展没有原因；有时我们说某件事没有结果，只不过是没有达到预想的结果，而真正的结果早已出现了。因此，我们要想做好工作就必须准确地把握住事物间的因果联系，在一个现象出现在我们面前的时候，深入地分析一切先行情况，摸清造成这一现象的原因来对症下药，才能使工作有所成效。

在"千金买骨"的寓言故事中，这个侍臣就准确地把握住了国王买不到千里马的真正原因，下大本钱买回千里马的尸骨，表明了国王要买千里马的决心，于是使活的千里马接踵而来，取得了意想不到的收获。

听言务尽

——把握事物的联系，切忌孤立看问题

"听言务尽"表明，听人之言一定要从头至尾听完，不能断章取义，以只言盖全语，否则就会闹出笑话。请看这样一个故事：

隋代作家薛道衡出使江南的时候，江南有人请他作诗，他就作了十首《人日思归》。他吟道："入春才七日，离家已二年。"

听诗的人听了这两句，就暗暗嘲笑他，说："这算什么诗，谁说这个人懂作诗？"

谁知薛道衡又紧接着吟了下面两句："人归落雁后，思发在花前。"听诗的人听了后两句，不得不转口称赞，认为薛道衡"果然是名不虚传"。

这首诗，开头两句如果孤立来看，的确是平淡无奇。但接上后两句，全诗意境清新，引人深思，一个思归游子的心境跃然而出。不能不被人赞为好诗。上面所说的听诗人，还没有窥其全貌，就憋不住发起议论，结果使自己闹出笑话来。论诗如此，其它事情不同样如此吗？

从一定意义上说，世上的事物尤如一首好诗一样，都是相互有机联系的，有其存在和发展的全貌，只不过有的简单有的复杂罢了。我们应该观其全貌，把握联系，才好下结论，判断是非。但有的人不是这样，而是像故事中的听诗人那样形而上学地割裂事物的联系，以点盖面，武断地裁定是与否，这是非常有害的，不能不说这是种错误的哲学方法。

就拿我国的改革而言，它是一个复杂的系统工程，有其全面的发展过程，涉及经济、政治、思想文化及教育诸多方面。改革是前所未有

的，何况又是从破烂摊子开始的，这就难免有"失误"和"平淡"之处。如果我们只看到这一点，一叶障目不见泰山，甚至全盘否定改革的主流或功绩。这无疑是偏见，它会导致悲观失望，精神不振。其危害是可想而知的。这是在我们实际生活中的形而上学的具体表现。又如对外来的资产阶级政治、经济、思想文化等等，如只看其中的某些片断，就断言其尽善至美，甚至可代替中国的一切。这无疑是一种"民族虚无主义"。犯这种毛病的人一般都是主观任意地割裂了客观事物的联系，从而抓住一点，否定其余或代替其余。总之，我们应该按照辩证法的观点看问题，否则就不仅仅是闹出笑话了。

月满则亏，水满则溢

——量变引起质变是矛盾双方相互转化的结果

俗语道："月满则亏，水满则溢"，话虽简单，但其中寓意深刻的辩证法哲理，通俗地表达了矛盾转化的思想。

在天文现象中，由于月球、地球和太阳三者相对位置的改变，我们从地球上观看月亮便有盈亏或圆缺的变化。在地球、月亮的运行过程中，我们观察到的月满的"月相"会随着月球与太阳和地球相对位置的改变，逐渐呈现出残月的"月相"。在日常生活之中，我们可以观察到，蓄水满到最大限度，便会漫溢出来。无论是"月满则亏"还是"水满财溢"，用我国的一句名言说，就是"物极必反"。也就是事物的矛盾运动和变化，由量变开始，发展到一定程度就会导致质变，矛盾就会转化到对立面去。月满不会永远不变，会向月亏转化；水满不会长驻，会向溢出转化。

其实在大千世界中不仅是"月满则亏，水满则溢"，物极必反的现象是普遍存在的。在中国哲学史上，关于物极必反，矛盾转化的观点就有十分生动的表述。中国春秋时的思想家、道家的创始人老子在《道德

经》中说："曲则全，任则正；窪则盈，敝则新；少则得，多则惑。"孙子在《孙子兵法篇》中讲："乱生于治，怯生于勇，弱生于强。"他在《孙子兵法·虚实》中又说："五行无常胜，四时无常位，日有短长月有死生。"其意思都是一切对立面发展到极点就会转向反面。按唯物辩证法的观点来说，就是事物经过量变达到"关节点"，就会发生质变，从而使矛盾的地位发生转化。毛泽东在《矛盾论》中科学地阐明了对立面互相依存和转化的观点。他说："两个相反的东西中间有同一性；所以二者能够共处于一个统一体中，又能够互相转化，这说的是条件性，即是说在一定条件之下，矛盾的东西能够统二起来，又能够互相转化；无此一定条件，就不能成为矛盾，不能共居，也不能转化。"我们讲物极必反，并不是不讲条件，矛盾的事物只有在一定条件才能发生联系，只有在矛盾运动中达到一定程度才能彼此转化。显然，出现"物极必反"矛盾转化的现象，是因为任何事物都是矛盾的统一体，都有矛盾的两方面。当在一定条件下，矛盾的某一方面占统治地位，起决定作用了，事物就呈现出由它所决定而具有的性质。但其中又蕴含着对立面，并会不断经过量的积累，最终占统治地位，使事物走向反面。

"螳螂捕蝉黄雀在后"的说服力
——事物是普遍联系的

春秋时期，吴王下定决心要派兵攻打楚国。于是就对身边的大臣们说："谁要是敢来劝阻我，我就把他处死，有一个年轻的侍卫官，想劝吴王不要派兵攻打楚国，但是又不敢说。于是他就拿一把弹弓在王宫的后花园中转来转去。衣服都被露水浸湿了，也毫不在乎。他就这样连续在花园中转了三天。吴王见了觉得非常奇怪，就问他："你早晨跑到花园里干什么？何苦把衣服湿成这个样子了侍卫官回答说："您看，花园里有一棵树，树上有一只蝉，这蝉在高高的树枝上得意地鸣叫，并且喝着露水，可是它却不知道有一只螳螂正在他的背后；螳螂弯着身子，举起前爪打算捕捉蝉，但是螳螂却不知道有只黄雀正在它的身旁；黄雀伸长了脖子想去啄食螳螂。然而黄雀却不知道我拿着弹弓已经瞄准了它。他们三个：都是只顾获得眼前面的利益，却没有考虑到隐藏在身后的危险呀！吴王听了这句话，恍然大悟，打消了攻打楚国的念头。

这则寓言故事中，这个侍卫官非常聪明地使用螳螂、黄雀只知眼前的利益而不知即将大祸临头的故事来劝导吴王，并取得了成功。这一案例体现了客观世界各事物间普遍联系这一唯物辩证法的基本特征。

世界上的各种事物之间，以及各事物内部各要素之间都存在着相互影响、相互制约、相互作用的特点，这就是联系。这种联系是客观存在的，不以人们的意志为转移；不管我们认识到还是没有认识到，也不管我们喜欢不喜欢，愿意不愿意，事物总是在相互联系中存在，相互联系中发展。这种联系又是普遍的，从微观世界的基本粒子，直到宏观世界的日月星辰；从自然界到人类社会、人类思维，孤立存在的事物是没有的，联系还具有复杂多样性，在事物内部各要素及与其它事物的相互制约，相互影响，相互作用中，有内部的联系也有外部的联系；有必然联系也有偶然联系；有直接的联系也有间接的联系。

因此，整个世界是一个普遍联系的大网，任何一个具体事物都是这一大网上的钮结。因此我们处理任何一件事都要瞻前顾后，考虑到周围的事物对这件事情的影响以采取必要的防范措施。

在这则寓言中，蝉只知道得意地鸣叫，却没有意识到天敌就在身边；螳螂想吃蝉却没有料到与自己性命攸关的黄雀已经来到；黄雀要吃掉螳螂却不知人的弹弓已对准了它。在这里，相互联系的事物构成了这样的一个长长的链条。谁也没有料到蝉的存在与人要打黄雀无意中联系了起来。同时侍卫官用这一事例又说明了现实的问题，吴国比楚国要强一些这也是一种联系，但是还有一些相同实力的国家正在虎视耽耽，如果只考虑到前种联系，一意孤行，就可能被其它国家坐收渔翁之利。因此联系的观点是我们在任何时候都不能忘记的。

二八法则

——要善于抓关键、抓重点，分清主流和支流

1897年，意大利经济学家帕列托在对19世纪英国社会各阶层的财富和收益统计分析时发现：80%的社会财富集中在20%的人手里，而80%的人只拥有社会财富的20%，这就是"二八法则"。"二八法则"反应了一种不平衡性，但它却在社会、经济及生活中无处不在。

在商品营销中，商家往往会认为所有顾客一样重要，所有生意、每一种产品都必须付出相同的努力，所有机会都必须抓住。而"二八法则"恰恰指出了在原因和结果、投入和产出、努力和报酬之间存在这样一种典型的不平衡现象：80%的成绩，归功于20%的努力；市场上80%的产品可能是20%的企业生产的；20%的顾客可能给商家带来80%的利润。

遵循"二八法则"的企业在经营和管理中往往能抓住关键的少数顾客，精确定位，加强服务，达到事半功倍的效果。有些生产经营单位始终坚持会员制，就是基于这一经营理念。

唯物辩证法认为，在复杂事物之中存在着许多矛盾，主要矛盾在事物发展过程中处于支配地位，起着决定作用。主要矛盾和次要矛盾相互联系相互影响。这就要求我们要抓住重点，集中精力解决主要矛盾。

如果所有生意、每一种产品都必须付出相同的努力，所有机会都必须抓住，就是"胡子眉毛一把抓"，分不清主次。遵循"二八法则"的企业在经营和管理中往往能抓住关键的少数顾客，就是抓住了主要矛盾，因而达到了事半功倍的效果。

如何正确认识取得成绩的原因的主要方面和产品、利润的来源的主要方面？这就是带来80%成绩的20%的努力、带来80%产品的20%的企业和给商家带来80%利润的20%的顾客。这一认识抓住了矛盾的主要方面，分清了主流和支流，体现了矛盾的主要方面和矛盾的次要方面的对

青少年应该知道的哲学知识

立统一。

舍本求末

——想问题、办事情要善于抓主要矛盾

这是发生在春秋战国的一段典故。有一年，齐王派使者携带了国书去赵国访问赵威后，赵威后接过国书，还没打开就问："你们齐国的收成没有受到什么灾害吧？百姓没有什么不幸吧？齐王没有什么疾病吧？"齐国的使者听了很不愉快，说："我奉齐王的命令出使赵国，现在你不先问候我们国王，而先问收成与百姓，难道可以把低贱的臣民放在前面，而把高贵的君主放在后面吗？"

"不是这样的，"赵威后解释道，"如果一个国家没有好的收成，怎能保得住百姓？要是百姓流离失所，做国君的怎么还能保得住他的地位呢？我们可不能舍本求末，抛弃了根本的问题而追求枝节问题呀！"齐国使节听了连连点头，心悦诚服。

在这个典故中，赵威后非常懂得凡事需抓住主要问题、根本问题加以研究和解决的道理。这在哲学上就反映为抓主要矛盾。

在客观事物的发展中，任何事物内部及与其它事物之间，都存在着既对立又统一的矛盾关系，这是客观的，普遍的，同时矛盾的存在又是特殊的，任何事物的矛盾及每一个侧面又都各有其不同的特点。这种特殊性反映在矛盾地位的问题上，就要分析在一个事物的矛盾群体中各自所处的不同的地位和作用。

在事物发展中，在众多的矛盾里处于支配地位，对事物的存在和发展起着决定作用的矛盾是主要矛盾，其他处于从属地位的、对事物的发展过程不起决定作用的矛盾则是次要矛盾。主要矛盾的存在和发展，规定和影响着其它矛盾的存在和发展，但是这种关系并不是僵死的、固定的。在一定的条件下，矛盾的主次地位还会相互转化。主要矛盾可以转

化为次要矛盾，而次要矛盾也可以上升为主要矛盾。但不管如何转化，在同一个时间、地点、条件下，一个事物之中主要矛盾只能有一个，也就是这个矛盾决定着事物的性质，推动着事物的发展。因此就要求我们在工作中一定要善于抓住主要矛盾，把握住工作中解决问题的要害，解决了主要矛盾，其它问题也就迎刃而解了。

赵威后明白这一简单的道理，所以在与齐国使者的交谈中一问收成，二问百姓，最后才问候君王。因为年成好，人心定则国运昌；年成不好则国运衰。这是一个国家盛衰的最主要的问题，至于国君的身体如何则是次要的，因此，尽管齐国使节开始感到不高兴，但一经解释便明白了其中的道理。

250定律

——要善于用是普遍联系的观点看问题

青少年应该知道的哲学知识

美国著名汽车推销员乔·吉拉德，连续12年荣登吉斯尼记录大全世界销售第一的宝座，他所保持的世界汽车销售纪录——连续12年平均每天销售6辆车，至今无人能破。

乔·吉拉德从一个口吃患者到一个著名推销员和演讲家，与他善于总结归纳经验有很大的关系，250定律就是其中之一。乔·吉拉德认为，每一位顾客身后都大约站着250个人，这些人是他比较亲近的同事、邻居、亲戚、朋友。如果您赢得了一位顾客的好感，就意味着赢得了250个人的好感；反之，如果你得罪了一名顾客，也就意味着得罪了250名顾客。由于连锁影响，如果一个推销员在年初的一个星期里见到50个人，其中只要有两个顾客对他的态度感到不愉快，到了年底，就可能有5000个人不愿意和这个推销员打交道。

由此，他得出结论：在任何情况下，都不要得罪哪怕是一个顾客。这一定律有力地论证了"顾客就是上帝"的真谛。也让我们得到启示：

必须认真对待身边的每一个人，因为每一个人的身后，都有一个相对稳定的、数量不小的群体。善待一个人，就像拨亮了一盏灯，照亮一大片。

事物是普遍联系的，世界上的一切事物都处在相互联系之中，整个世界是相互联系的整体，事物之间及事物各要素之间相互影响相互制约。这就要求我们要分析事物之间相互影响相互制约的关系，用联系的观点看问题办事情。每一位顾客身后都大约站着250个人，这些人是他比较亲近的同事、邻居、亲戚、朋友。如果您赢得了一位顾客的好感，就意味着赢得了250个人的好感。这正是普遍联系原理的具体体现。

汽车的普及

——矛盾双方依据一定条件各向自己相反的方向转化

20世纪初，汽车是由技术工人手工打造而成的，成本较高，因而价格难以下降，汽车成了地位的象征，拥有汽车只是少数人的特权。福特的贡献在于他把汽车变成了普通商品。福特用大规模生产实现了这一点，他们创造了第一条汽车装配流水线，从而大大节省了工人时间，降低了成本与价格。为了满足市场对汽车的大量需求，福特采用了当时颇具竞争力的营销战略，只生产一种车型，即只生产T型车；只有一种颜色可供选择，那就是黑色。黑色的T型车甚至就是汽车的代名词。这一点，几乎成为所有MBA教学的经典案例。这样做的好处是福特能以最低成本生产，用最低价格向消费者提供汽车。T型车改变了日后美国人的生活方式，使美国变成了汽车王国。1908年冬天始，美国人便能以825美元的价格买到一部轻巧、有力、两级变速、容易驾驶的T型车。这种简单、坚固、实用的小汽车推出后，它的创造者——福特欣喜若狂。这大大增强了广大中产阶级对汽车的需求，而

福特也因此成了美国最大的汽车制造商，到1914年的时候，福特汽车占有美国一半的市场份额。当然，至1927年，福特不得不关闭了T型生产线，汽车多样化时代开始了。

福特制造商在调查了解不断变化的市场的基础上作出了正确的生产和营销决策，这坚持了一切从实际出发。矛盾双方依据一定条件各向自己相反的方向转化。汽车从罕见到普及，福特从一个小厂变成美国最大的汽车制造商，这些转化的条件就是福特的正确生产营销决策和行动。

"兼听则明偏信则暗"

——想问题、办事情要坚持两点论，反对一点论

唐朝唐太宗时候，有一位著名的政治家，名叫魏征。他出身贫寒，从小到庙里当了道士，后来又当了兵，做了官吏，一直升到朝廷的谏议大夫。他极聪明，又善于分析历史经验，出了很多好主意，因此深得皇帝器重。

有一次，唐太宗问他："作为国家的君主，如何才能断事正确、明白而不胡涂呢？人们办错了事又往往是什么原因呢？"魏征回答说："各方面的意见你都听一听，自然会得出正确的结论，如果你只听得一面之辞，那就会因为片面性而把事情办错。"接着魏征又列举历史上的很多事例说明作为一个君主如果偏听偏信，那将会造成多么严重的后果。他说："秦二世偏信赵高，而遭来望夷之祸；梁武帝偏信朱异，而自取台城之屏；隋炀帝偏信虞世基，而导致彭城阁之变。相反，如果多了解一些情况，多听取些意见，就可以避免一些损失。比如尧帝经常询问百姓，就掌握了有苗所干的坏事；舜帝也因经常了解下情就知道了共、鲧等人的罪过。因此聪明的君王不能堵塞了言路。"

魏征非常懂得要全面看问题的道理。在我们认识事物的时候，要从实际出发，实事求是地观察、分析，形成对事物的本质及规律性的认

识；在我们了解情况，听取别人的意见的时候，同样要从实际出发，认真地听取各方面的意见。

由于客观事物的发展过程是非常复杂的，事物本质的暴露需要一定的时间、一定的过程。而人们对于任何一个事物的认识，都只能是对它发展的一定规模，一定程度的认识。就人本身来说，由于每个人的经历不同，学识不同，性格特点不同，兴趣爱好、看问题的角度方法等都有不同的特点，所以在认识上必然有差距。即使是对同一个问题的认识，也可能出现很多不同的看法。自然，对于故意歪曲事实，完全脱离实际的认识我们应坚决摒弃，但对于基于上述特点而形成的不同看法和意见，我们要进行认真的分析和研究。在这些不同的意见中当然有正确的，基本正确的，基本不正确的，完全不正确的几种类型。只要我们全面地分析各种不同的意见，再联系实际，进行调查研究，真理性的认识就能形成。在生活和工作中一些根本对立的意见，也经常出现在我们的面前。我们在处理这方面的问题时，同样要坚持认识论中的辩证原则。当然，在这两种意见中必然有一个正确的，有一个错误的，或一种意见正确性强一些，另一种意见差一些，在这种时候我们绝不能偏听偏信，搞单打一，要结合实际情况，分析各方面意见中的正确因素，找出正确的意见，绝不能仅凭自己主观上的好恶而乱下结论。唐太宗听取了魏征兼听则明，偏信则暗的劝戒，从谏如流，换来了唐朝初年的贞观之治，对历史作出了贡献。

风马牛也相及

——世界是普遍联系的有机整体

众所周知，我国有个成语叫"风马牛不相及"。此典故出自《左传僖公四年》："君处北海，寡人处南海，唯是风马牛不相及也。"意思是说，你住在北边的齐国，我住在南边的楚国，两地相距十万八千里，

即使马牛走失，也达不到对方的境内。后人沿用此语作比喻，来说明毫不相干的东西是扯不到一块去的。而这里却说"猫羊"相及，说怪也不怪，猫和羊可相及可以联系在一起，这是达尔文的伟大发现。

"食物链"，是达尔文在论述生物进化的观点时曾提到的一项著名而有趣的发现。他在研究生物时观察到，在养猫愈多的地方，羊也养得愈多。猫和羊有何相干呢？原来羊吃一种三叶草，这种草是靠丸花蜂授粉的，而田鼠为吃这种蜂蜜又往往会破坏蜂窝，所以，田鼠多了，蜂就少，从而三叶草传粉的机会也就少。相反，养猫愈多，田鼠就愈少，丸花蜂因而也就愈多；三叶草传粉机会多了，就能获得好收成；三叶草愈多，牧草充足，喂的羊也自然就愈多了。因此，"猫——田鼠——丸花蜂——三叶草——羊"之间就形成了一根相互联系的生物的食物链。

达尔文所发现的"食物链"，揭示了生物界相互联系、相互依存和相互制约的规律。它表明有许多事物看起来似乎风马牛不相及，实际上却存在着千丝万缕的联系。其实，在客观世界中，不仅有食物链，而且还有其他相互联系的"链条"。从宇宙星系到微观粒子，从无机界到有机界，从自然到人类社会，从客观世界到主观世界，无不处在普遍联系的相互影响和制约之中。正如恩格斯所说："当我们深思熟虑地考察自然界或人类历史或我们自己的精神活动的时候，首先呈现在我们眼前的，是一幅由种种联系和相互作用无穷无尽地交织起来的画面。"植物生长总是和一定的阳光、温度、雨露、水分、土壤等相联系。一个人的成长和社会环境是分不开的，与一定的社会、学校、家庭影响相联系。人的有机体的各部分也是不可分割地联系在一起的，人体的各个系统、器官、组织、细胞及其功能都是互相联系，互相作用和互相制约的。

总之，依据客观事实，用唯物辩证的眼光观察和思考问题，就能使看来互不相及的事物联系起来。当然，这不是人为地创造的，而是客观事物原本如此，只不过是被人们正确地认识到了。

青少年应该知道的哲学知识

"舍罕王赏麦"的故事

——定量分析是准确把握事物的前提

认识事物的量，是认识事物的质的起点和前提。没有定量分析便没有对事物的精确把握。"舍罕王赏麦"的故事就说明了这一哲理。

这是一个发生在印度的饶有趣味的故事。传说，舍罕王打算重赏象棋的发明人宰相西萨班达依尔。国王问他有何要求，这位聪明的大臣"胃口"看来并不大，他跪着说："陛下，请您在这个棋盘的第一个小格内，赏我一粒麦子，在第二个小格内给两粒，第三个格内给四粒，按照这样的比例关系，摆满棋盘上所有64格的麦粒，就把这些麦粒都赏给您的仆人罢。"国王一听，认为这区区赏金，微不足道，于是满口答应说："爱卿，你所要求的并不多啊。你当然会如愿以偿的。"说着，便令人把一袋麦子拿到宝座前。结果出乎国王的预料，按宰相的方法放，还没有放到20格，一袋麦子就已经用完了。一袋又一袋的麦子被扛到了国王面前。结果国王发现，如果按此方法摆下去，摆到第64格，即使拿来全国的粮食也兑现不了国王许下的诺言。因为按照宰相的要求需要有18，446，744，073，709，551，615颗麦粒（可改写为1＋2＋22＋23……＋263）。如果把麦粒折合成重量，那就要给宰相40000亿蒲式耳才行。这样一算，这位看来"胃口"不大的宰相所要求的麦子，竟是全世界在2000年内所生产的全部小麦。计算结果说明，舍罕王是无法实现自己的诺言的，这自然使舍罕王甚为尴尬。

舍罕王为什么会始料不及，走到这样难堪的地步呢？因为舍罕王在对宰相许下诺言之前，没有定量分析，不知宰相所要求的看来微不足道的麦粒的后面竟有一个可怕"数量"。在他的脑海里所呈现的只是"一粒粒"麦子和简单的64个格子。这种简单的看法，使他一下子就肯定了宰相要求的"并不多"。当然，要求国王很快就计算出他要赏的麦子的总量，也太难为他了。但是，在他没有仔细思量的情况下，仅凭感觉就

欣然许诺，则是不注意定量分析所致。这说明，定量分析是准确把握事物的前提。

人们常说，没有智慧的人就会受人欺骗。但还要加上一句：智慧首先来自对事物的定量分析。

失败是成功之母

—— 矛盾双方都因一定条件而互相联结，并向其相反的方面转化

"失败是成功之母"是一句富有深刻哲理的格言。许多科学家和发明家在科学探索道路上取得成功，正是从"失败"中走过来的，他们是从失败的记录中找出成功的轨迹的。

例如：在20世纪初，非洲流行着一种可怕的昏睡病，当锥体虫进入人体血液大量繁殖后，人就会长时间昏睡而死。用化学药品"阿托什尔"虽可以杀死锥虫、挽救病人的生命，但却会使患者双目失明。德国的埃尔利希知道阿托什尔是一种含砷的毒药，他设想：如果稍改变一下它的化学结构，能否使它只杀死锥虫而不伤害人的视神经呢？为此，他和同伴们一次又一次地试验，经过了不知多少次的失败以后，终于获得了成功。他研制成的砷凡纳明，是砷的第606种化合物，所以命名为"606"。这种药不仅挽救了无数昏睡病人的生命，而且也是医治梅毒病的特效药。

又如：英国的法拉第在1821年通过实验证明了通电可以产生磁铁，但他又设想如果能使磁变为电，对人类该有多好啊，为此他又反复地长期地实验，但屡次都失败了。经过10年的奋战，1831年10月17日，他终于在实验中证实了磁内通过运动能产生电流。并经反复实验揭示出：磁铁与金属线的相对运动是由磁产生电的必要条件。后来这种电流就被称为感应电流。实验的成功能否使电实际应用呢？他又继续试验，成功地

青少年应该知道的哲学知识

设计和制造了电磁学历史上第一台感应发电机。虽然发电机的广泛应用是在此后差不多40年后的事，但法拉第的实验早已雄辩地证明电力可以实际应用。今天，电力的广泛应用所带来的好处，是与法拉第的杰出贡献分不开的。他被著作中，不仅记录自己的成功，而且详尽地描述了自己的失败。

诸如埃尔利希和法拉第从失败中获得成功的例子是很多的，这说明成功来自失败。

从一般道理上看，失败和成功是一对矛盾，但失败之所以是成功之母，是因为世界上任何事物都是对立的统一，任何事物都存在矛盾着的两个方面，但任何一方都不能孤立地存在。矛盾双方都因一定条件而互相联结，并向其相反的方面转化：失败与成功也是对立的统一。"失败是成功之母"这句格言，一方面包含了失败和成功是相对立而存在的；另一方面又使我们认识到，只要从失败中总结经验教训，找出失败的原因，可以使失败朝相反的方面转化为成功。人在行动中的成功与失败，总是相伴而生，相随而行。我们做任何事情错误和失败是常有的、难免的，问题是要认识到失败与成功之间的关系。只有这样才能胜不骄，败不馁，从失败走向成功。

分粥

——构成事物的成分在结构和排列次序上发生变化也能引起质变

有七个人曾经住在一起，每天分一大桶粥。要命的是，粥每天都是不够的。一开始，他们抓阄决定谁来分粥，每天轮一个。于是乎每周下来，他们只有一天是饱的，就是自己分粥的那一天。

后来他们开始推选出一个道德高尚的人出来分粥。强权就会产生腐败，大家开始挖空心思去讨好他，贿赂他，搞得整个小团体乌烟瘴气。

然后大家开始组成三人的分粥委员会及四人的评选委员会，互相攻击扯皮下来，粥吃到嘴里全是凉的。最后想出来一个方法：轮流分粥，但分粥的人要等其它人都挑完后拿剩下的最后一碗。为了不让自己吃到最少的，每人都尽量分得平均，就算不平，也只能认了。这样下来，大家快快乐乐、和和气气，日子越过越好。

唯物辩证法认为，量变是质变的前提和准备，质变是量变的必然结果。在事物总体数量不变的情况下，由于构成事物的成分在结构和排列次序上发生变化也能引起的质变。这要求我们要注意优化结构，理顺体制。"轮流分粥，但分粥的人要等其它人都挑完后拿剩下的最后一碗"是理顺的体制，是量变。"和和气气，日子越过越好"是质变，是量变的必然结果。

一粒沙的故事

——量变是质变的前提和必要准备，质变是量变的必然结果

有一个参加长跑比赛的选手，在走过了一片沙滩时，鞋子里灌满了沙子，他匆匆把鞋子脱下，胡乱地把沙子倒出来，便又急急地往前跑。可是有一粒沙子仍留在他的鞋子里，在他以后的路程中，那粒沙子磨着他的脚，使他走一步，疼一步。但他并没有停下来把鞋子脱掉，抖出那粒磨自己脚的沙子，而是匆匆前行，在离终点不远的地方，终因脚痛难忍，他不得不止步，最后放弃了比赛。

这个故事告诉我们，事物的发展都是由量变到质变的过程。一粒沙子虽小，但给脚造成的痛苦是逐步发展的，它是由"走一步，疼一步"，终于发展到脚痛难忍，不得不放弃比赛。这正如俗语所说的那样"小病不补，大病叫苦"。因此，我们在日常生活中，绝不能忽视量的积累，因为量的积累发展到一定程度，事物就会发生根本的变

化，即质变。

狼爱上羊

——矛盾是事物发展的动力

美洲一条大河，东西岸都生活着同一种的羊。

近年来，人们发现，西岸的羊越来越强健，而且繁殖力也很强，而东岸的羊不但体质越来越弱，而且数量也在逐渐减少，濒临灭绝的边沿。这一现象引起了有关动物学家的关注，通过他们的考察研究发现，有一群狼与西岸羊群生活在同一个区域里，这里的羊天天生活在天敌追捕的危险之中，而东岸的羊没有这样的天敌，生活非常安适。

为挽救东岸羊群，动物学家们提出了把西岸的狼引到东岸的方案，结果不出意料，在引进天敌之后，东岸的羊也渐渐健壮起来，数量也在不断增加。

矛盾是事物发展的动力，没有矛盾就没有事物的发展。有了狼，羊与狼的这一对矛盾才能构成，羊与狼的相互斗争、相互影响，推动了羊的自身的成长与发展。否则，羊只会越来越弱，越来越少，最终灭绝。

邯郸学步惹笑话

——矛盾的普遍性和特殊性是相互联结的

相传，在战国时候，赵国邯郸人走路的姿势特别好看。北方燕国寿陵的地方，有个青年人不顾路途遥远，跋山涉水赶到邯郸，来学习当地人走路的姿势。

他整天呆在邯郸的大街上，观看人家怎样走路，他边看边总结人

家走路的特点，又摹仿做，跟在这个人后边走几步，再跟那个人后边走几步。可是学来学去，总是不像，始终没有学会邯郸人走路的步法。这个年轻人心里想，也许是自己多年来习惯了原来的走法，所以学不好。于是他索性丢掉原来的步法，从头学起，以后他每走一步都非常吃力，既要想着手脚如何摆动，又要想着腰腿如何配合，还得想着每一步的距离……把他弄得手足无措。

结果，他越学越差劲，一连几个月，不仅没有学会邯郸人的走法，而且把自己原来的走法也忘掉了。这时他带来的钱又已经花光了，不得不返回寿陵，可是他已经忘记怎样走路了，只好狼狈地爬回去。

至于这则故事的真伪，我们已无法进行考证。但是它所反映出来的哲学原理，对我们却具有重要的借鉴意义。

在客观事物的发展过程中，任何事物的内部及与其它事物之间都存在着矛盾，任何事物任何时候都存在着矛盾，这是矛盾的普遍性；而任何事物的矛盾及矛盾的每个侧面都各有不同的特点；这又是矛盾的特殊性。矛盾的普遍性体现了事物发展过程中一般性的原则，是共性；矛盾的特殊性体现了事物发展过程中个别性的特点，是个性。共性与个性是密切联系不可分割的，共性存在于个性之中，并且通过个性表现出来。世界上从来就没有脱离共性的个性，也没有脱离个性的共性，两者不仅相互依存，而且在一定条件下相互转化，我们决不可把两者割裂开来或根本对立起来。

在我们的工作中，别人的先进经验、好的理论和思想，对于大家都有借鉴作用、有普遍的指导意义，所有的人都应该学习，所以是具有共性的东西。但是不同的地区，不同的个人，具体情况又各有特点，这又是个性。我们一方面要注意，不能只强调具体情况而对先进的经验束之高阁；另一方面我们也不能在学习的过程中生搬硬套，不顾本地区、本部门的具体情况。如果别人的先进经验没学好，反而放弃了自己的特点，更是得不偿失。如果邯郸人走路姿势优美，去看一看并无不可，但是邯郸人有邯郸人的形体特点，燕国人有燕国人的形体特点，这个人不

青少年应该知道的哲学知识

顾自己的具体情况，一味地去模仿别人，其结果弄得连路都不会走了。

东施效颦

——具体问题具体分析是矛盾特殊性的要求

西施是我国春秋时期的美女，她心口经常疼痛，走路时总是按着胸口皱着眉头，在街上也是这样。邻居东施是一个长得很丑的女人，她看到西施按心皱眉走路的样子很美，便仿效西施的姿势，皱眉蹙额，手按胸口，在大街上蹒跚而行。那样子不但不美，反而更加丑陋。村里人见她这种忸怩作态的怪样子，无不嗤之以鼻，一见她走来就把大门关上，谁也不愿意理她了。

东施的做法违背了矛盾特殊性的原理。矛盾特殊性原理要求我们，在现实生活中要具体问题具体分析，用不同的方法去解决不同质的矛盾。东施不从自己的实际情况出发，生搬硬套别人的做法，结果事与愿违，闹出笑话。

今天我们进行现代化建设，实行对外开放，学习外国先进的科学技术和管理经验，也必须从我国的具体国情出发，建设中国特色社会主义。

白马与黑马

——任何事物都包含着既对立又统一的两个方面

国王派一位丞相和阿凡提到外地办事。阿凡提骑的是一匹黑色的马，丞相的坐骑是一匹白色的骏马。

到了傍晚，他俩来到一个前不着村后不着店的野外，决定露宿。丞

相对阿凡提说："阿凡提，这里常有野兽出没，还可能会有强盗，今晚请你守住这两匹马。""不，我不守，你自己守吧。我的马是黑色的，夜里野兽和强盗根本看不见它。"阿凡提说。

丞相一听阿凡提说得有道理，便对他说："如果那样，我们俩把马调换一下，我的这匹白色骏马归你，你的黑色老马归我。"

阿凡提高兴地与丞相调换了马，然后对丞相说："太好了，今夜就请您守护这两匹马吧！""为什么？"丞相问。"现在您的马是黑色的了，这黑咕隆咚的深夜，您也看不清您的马是被狼吃了还是强盗盗走了。我现在的马是白色的，我一眼就能看清它是否安在。"阿凡提说完便睡觉去了。丞相只好守了一夜。

任何事物都包含着既对立又统一的两个方面，即任何事物都有两点，而不是一点。因此，我们必须坚持一分为二的矛盾分析方法，即坚持两分法、两点论。一点论是片面看问题的观点，即只看一面，不看另一面，或看了那一面又丢了这一面，不能如实反映事物的本来面目。无论白马还是黑马，在防止被盗方面都有有利和不利的一面，丞相每次只看到其中的一面而忽视了另一面，只好乖乖地去守夜。

青少年应该知道的哲学知识

月影避露

——矛盾着的事物及其每一个侧面各有其特点

郑国有个人，白天在一棵大树下避暑乘凉，他随着太阳位置的变化，跟随树影而移动自己的席子，避暑效果颇佳。到了晚上，月亮升空，他想，此法既然白天有效，那么晚上用它来躲避露水一定也不会错。于是，随月下树影移动席子，结果，树影越远，他身上的露水也越重，最后衣服全都湿了，他还不知是什么原因。

矛盾着的事物及其每一个侧面各有其特点。事物是千差万别的，这要求我们在分析、解决每一个具体矛盾时，一定要"事事""时时"

注意它的特殊性，即具体问题具体分析，一切以时间、地点和条件为转移，用不同的方法解决不同的矛盾。反对不分时间、地点、条件，千篇一律、一个模式地去解决问题的"一刀切"的做法。该郑国人就是犯了照抄照搬"一刀切"的错误。

"一"字长大

——矛盾的普遍性寓于矛盾的特殊性之中，矛盾的特殊性也离不开普遍性，不包含普遍性的特殊性是没有的

有一个读书人教儿子认"一"字，不一会儿，那男孩就记住了。第二天，那人擦桌子时，随手用抹布在桌面上画了一横，想考一考儿子还认不认识"一"字，那男孩一点也认不出来。父亲说："这就是昨天教你的'一'字呵！"男孩睁大眼睛，吃惊地说："只隔了一夜，'一'字就长成这么大啦！"

矛盾的普遍性（共性）寓于矛盾的特殊性（个性）之中，并且只能通过特殊性而存在，特殊性也离不开普遍性，不包含普遍性的特殊性是没有的。"一"字（共性）寄存于一个个具体的大"一"字（个性）和小"一"字（个性）之中，其自身不能独立存在。小"一"字（个性）是（包含）"一"字（共性），用抹布画的大"一"字（个性）也是"一"字（共性）。

背罐浇菜

——既要坚持两点论，也要坚持重点论

卫国有5个男子。都背着瓦罐从井里汲水浇韭菜，从早到晚，一天辛劳，只能浇一畦。郑国大夫邓析路经这里，看到他们笨重的劳动，便下车说："你们可以做一种机械，后端重，前端轻，名叫桔槔，使用它来浇地，一天浇百畦也不觉得累。"

5个卫国人齐声说："我们的老师说过：'有使用机器的好处，一定就有使用机器的坏处'。我们并非不懂，而是不愿意制造使用。你走你的路吧，我们决不更改！"

事物的性质主要地是由矛盾的主要方面所规定的，我们就要着重把握矛盾的主要方面，这样才能抓住事物的本质和主流，才能辨方向、识大局。矛盾的主要方面和次要方面相互关系的原理，要求我们坚持两点论和重点论的统一。卫国这5个男子坚持了两点论而忽视了重点论，未能辨方向、识大局。

先顾衣服

——观察和处理复杂问题时要善于抓住重点，集中力量解决主要矛盾

下雨天，迁公借穿别人的衣服出去，不小心摔了一跤，臂膀摔伤，衣服也弄脏了。跟随的人把他扶起，要替他按摩臂膀，迁公止住说："快去提水洗衣服，臂膀跌坏了没关系！"随从说："身子倒不顾，顾衣服，这是为何？"迁公说："臂膀是我自己的，衣服是借来的，坏了就要赔的。"

主要矛盾由于在事物发展中居于支配地位，对事物发展起决定作

用，我们在观察和处理复杂问题时要善于抓住重点，集中力量解决主要矛盾。迂公抓住了次要矛盾（衣服弄脏）而忽略了主要矛盾（臂膀摔伤），因而成为笑柄。

田忌赛马
——构成事物的成分在结构和排列次序上发生变化也能引起质变

相传，战国时期的某一天，齐国都城临淄的赛马场上，人山人海热闹无比，各赛马好手都牵着自己的最好的马前来参赛。

将军田忌牵着马也来参加了。田忌的上、中、下三等马都不比别人的马逊色，可是，在以往的多次比赛中却屡屡失败。著名军事家孙膑向田忌保证，这次比赛一定能够获胜。比赛开始了，第一场比赛，各家都把最好的上等马用上，孙膑却叫田忌用下等马与别人的上等马比赛，这场田忌当然是输了。第二场，各家都放出了中等马参赛，孙膑叫田忌把上等马放出去与别人的中等马比赛；第三场，各家都放出下等马参赛时，孙膑叫田忌把中等马放了出去。结果这两场都胜利了，三场比赛，田忌两胜一负，当然是夺得了冠军。

马还是原先的马，并没有变化，但田忌却在这次比赛中获胜了，这是为什么呢？这是因为，比赛中用马的时候改变原来的组合，原来田忌在比赛中用马是将自己的上、中、下等马分别与别人的上、中、下三等马较量，这样便使输赢的机会各半。这次在孙膑的指导下，分别用自己的下、上、中三等马与别人的上、中、下三等马比赛，这便使赢的比分增多了，从而获得了整场比赛的胜利。可以说这次比赛的胜利是靠智慧获取的，而其中就蕴含着一定的哲学道理。

这个故事生动地告诉了我们这样一个哲学道理：事物构成成分的组合或结构变化了，其性质也就发生了变化。任何事物都有量的规定性，

其中除了规模、程度和速度等可以用数字表示的量的规定性外，还有事物的构成成份及其排列组合的量。

上述故事中所讲的三个等级的马就是构成一组参赛马的成分的量。事物的量变除了用数字表示的量的变化外，还有构成成分及其排列组合的量的变化，一旦发生这种量变，事物的性质也就会发生变化。田忌采用孙膑的计谋，将自己参赛的马的组合，有针对性地进行了调整，这就是量变，这种量变使他转败为胜。这正是"田忌赛马"故事中所包含的一般的哲理。孙膑之所以敢大胆地保证田忌能赢，就是真正领悟了这个道理。其实这种情况在其他的事物中也是存在的。只要我们留心观察，就会发现处处蕴含着这方面的哲理。我们应该注意运用这一智慧，使生活之树常青。

嘴疼却要医脚

——事物内部各要素之间是相互联系的

一提起"嘴疼医脚"，有人可能要问，嘴痛为什么要医脚呢？这不是风马牛不相及吗？其实不然，有这样一件事可以说明这个问题。

有一个人嘴上长了一些小疙瘩，后来逐渐严重，满口糜烂，十分疼痛。他到医院打针吃药都无济于事。后来经人引荐，去找一位颇有名望的老中医治疗。这位老中医给他开了几味药，让他研制成粉，用醋调敷在脚心上。开始他半信半疑，但遵老中医的方法调敷几次后，病果然痊愈了。这人感到很奇怪，便去问者中医："听说头疼医头，脚疼医脚，为什么嘴疼医脚，药到病除呢？"

老中医听后，向他讲了这么一个道理：人体是一个有机联系的整体，由于经络的作用，各部分之间都密切相联，在病变上也是互相影响、互相制约的。有时病本在下，病状在上；有时病本在上，病状在下。你这口腔糜烂与心脾积热有关，根据"治病必求其本"的原则，采取上病下取，用药敷脚心，通过经络引心脾之火下行，与口服药的效果是一样的。

这个故事告诉我们的哲理是，世界上的一切事物都是互相联系的，只不过有些事物的内在联系比较隐蔽，只要人们能够用整体的观点全面地看问题，是能够认识事物之间的内在联系的。老中医利用人体的经络联系医脚治好了嘴上的疮，体现了注重事物内在联系的辩证哲理。中医的"四诊"即"望、闻、问、切"，也是从整体联系来观察、判断病情的。"望"是用眼睛观察，"闻"是用耳和鼻诊查，"问"是问询病状和病史，"切"是摸脉。正是由于全面理解了病情，才使中医能够"辩证"治病。

好心也会办错事

——全面客观地观察问题，确立合理的动机，避免动机和效果相脱离

我们常说"人的动机和效果应该是统一的"，好心做事就应该有好结果。可是，这毕竟是"应该"，现实却往往不是这样。主要原因是什么呢？我们还是通过一则故事来看其中的哲理吧。

这个故事叫"谷阳进酒"。古时候，楚恭王同晋厉王为了争霸称王，在鄢陵燃起了战火。在一次激烈的战役之后，楚国的指挥官子反回到了军营，口渴的要命，忙叫侍童谷阳给他端水来喝。谷阳对主人十分忠诚，看见子反渴得厉害，心里很难过。他知道主人平时很爱喝酒，便给子反送上了大杯的酒。

子反闻着酒味，赶紧说："拿回去，这是酒啊！"

谷阳知道主人是为了怕误战事而不敢喝酒，而心里是十分馋酒的，便骗他说："不，主人，这不是酒！"

子反接过杯，又闻了闻，说："拿回去！这是酒！"谷阳又坚持

说："喝吧，主人，这不是酒。"

子反经不住谷阳的劝诱，就不管三七二十一，接过杯子，一饮而尽，喝了头杯，就禁不住连饮数杯，最后竟喝得酩酊大醉，酣睡过去了。

这时，楚恭王打算同晋国继续作战，就派人召唤子反。子反因烂醉如泥，不能动弹，便假托心疼，拒绝了恭王的召唤。恭王迫于军情紧急，便亲自探望。进了军帐，恭王知道原来子反是喝醉了，大怒之后便把子反处死了。

故事里的谷阳，对主人是忠心耿耿的，他给子反进酒，完全是出于一片好心。他的动机是为了使激战后疲劳干渴的子反能得到心满意足的享受。可是，他万万没有想到事与愿违，一片忠心反而断送了主人的性命。可说这就是人的动机与效果的分离。

为什么会出现动机与效果分离的情形呢？一般说来，人的行为包括动机与效果两个方面，动机就是主观愿望，效果就是社会实践或行为的实际结果，其关系也就是主观和客观的关系。人们总是希望两者是统一的，可是，主观和客观由于各种原因会脱节，如：思维片面、目光短浅、不懂事物的发展规律以及客观条件的限制等等，造成了主观愿望虽好，但却实现不了。谷阳不就是只片面看到了主人急需解渴，而没有看到主人和战役的关系，从而使动机与效果分离了吗？

总之，全面客观地观察问题，确立合理的动机，是避免动机和效果脱离的基本方法。

手纹鉴别破案件

——矛盾着的事物及其每一个侧面都各有其特点

现代医学告诉人们，"手纹"是真皮层的乳头白表皮突起的部位相连排列而成的有规则的纹线。手纹十分稳定，每个人的手纹线都是不一样，即使人与人手纹的花纹类型相同，纹线也有多有少，长短不一。在全世界范围内很难找出手纹完全相同的两个人来。甚至在一胎双生的两个人中也找不出一模一样的两个手纹。100多年前，一个英国警察首先利用指纹进行了侦探工作。至今，全世界的侦保机关都已把鉴别指纹作为侦探案情、识别罪犯的不可缺少的重要手段之一。

唯物辩证法认为，一事物之所以成为这个容物而区别于他事物，是因为具有矛盾的特殊性。矛盾的特殊性也就是事物内部的特殊本质。客观世界之所以纷繁复杂、千变万化，事物各有特色，便是矛盾特殊性或个性的具体体现。在现代刑事侦破工作中利用手纹破案，就体现了这个道理。

我们认识事物实际上就是认识矛盾的特殊性或个性，如果不研究它，我们也就无从确定事物与另一事物的区别，当然也就不能辨别具体事物。利用手纹去辨别具体的人则是认识矛盾的特殊性，从这个意义上说，利用鉴别手纹来进行侦探工作的方法与唯物辩证法的观点是一致的。"

从历法的演变看"扬弃"

——事物的发展是辩证否定的过程

历法是人们为了生产实践的需要而创立的长时间的记时系统，其演变经历了漫长的岁月。

我国最早采用的历法叫阴历，它以一个昼夜的时间为一日，以月球绕地球转一周为一月。当可以看到明亮的满月时叫"望"；看不到月亮时称"朔"。月球绕地球转的周期，以朔或望作为计算的起点。所以阴历的月亦叫"朔望月"。十二个朔望月组成一年。但以朔望定月，并不完全与一年四季相对应。

地球上的气候每年都有节奏性变化，因为地球自转的赤道面和绕

太阳公转的黄道面有个夹角，这样，太阳的光和热，照射到南北两半球的倾角，随着地球在公转轨道上的不同位置而改变，引起回归南北线以外地区的气候呈现出春夏秋冬四季，出现了24个节气。它的周而复始地交替出现是与地球的公转有关，而同月球绕地球无关。地球公转一周的时间（一个回归年）约为365天，而一个朔望月约为29.5天，12个朔望月约为354天。这样阴历年比一个回归年约少11天。这个差数经过多年积累，必然导致阴历的元旦出现从隆冬到盛夏的变迁。所以，阴历只报时，却不反映气候的变化。这是它的特点，亦是它的缺点。

随着农业的发展，要求历法注重一年中节气的变化和预报，因此，与之相适应，要求采用阴阳历相结合的历法。以朔望月记时为主，又力求使12个朔望月同一个回归年一致起来，使24个节气平均分布在12个朔望月里。但是，12个朔望月比一个回归年约少11天，为弥补这个差数，每三年就得加进一个闰月。但是，12个朔望月同一个回归年的差数并不正好等于11个整数天，而是稍多一点。因而两者总是难以彻底补平，过几十年或百年后又出现差数，又得重新修改。所以，闰月的办法仍然是有缺陷的。

北宋的科学家沈括，吸取了历代改历的合理因素，否定了其中的消极成分，结合自己几十年研究的成果，提出了新的历法理论。他主张废除朔望月，改为节气定月，12气为一年，大月31日，小月30日，大小月相同。这样岁岁齐尽，可避免朔望月同回归年之间的差数，亦可撤销闰月。沈括认为，这个历法"简易端平，上符天运"，它是一种较彻底的阳历。

我国历法产生和发展的曲折过程说明，每一种历法在实践中所暴露出来的弱点，正是进一步发展的起点。前者在实践中积累经验和教训，而后者总是不断继承前者的积极因素，克服其中的不合理的因素，既有肯定又有否定，有"抛弃"又有"发扬"，这就是"扬弃"或"辩证的否定"。

"翘打中心，凸打边"

——做任何事情都要掌握好量变引起质变的关节点

按照我们一般的看法，一块铁板凸凹不平，如要整平应该是哪里翘打哪儿，哪里凸敲哪儿。为什么要"翘打中心，凸打边"呢？的确，这是我们应辩证思考的问题。"翘打中心，凸打边"是具有劳动实践的工人在平整钢板，进行钣金操作时总结出来的一句口诀。它辩证地说明了平整钢板的客观规律。

如果按照我们的一般看法去做，哪里翘打哪儿，哪里凸敲哪儿，结果会怎样呢？根据板金工人的实践结果，只能是翘的更翘了，凸的更凸了。为什么会出现这样的事与愿违的结果呢？原来，钢板的凹凸不平是外部现象，而其内部的应力分布不均才是本质。如果板材的中心部分凸，四周平，这说明中心"松"，四周"紧"，此时要锤击四边，使之延展，变紧为松，就可整平钢板了。要是板材的中心平，四周翘起，则应锤击中心，使之延展，从而整平钢板。这种调整钢板的过程实际上是处理"平"与"不平"的矛盾过程。要使"不平"转变为"平"就要找出本质的方面，通过操作使矛盾中的"平"的方面在数量上不断积累；"不平"的方面在数量上不断减少。这样的量变过程，在达到一定的关节点时，就会引起质变，最后使钢板得到调平的结果。当然有时如果"关节点"掌握得不恰当，还会引起质的变化，如眼见钢板调平了，由于多打了几锤又不平了。这是工作中常遇到的情况，原因就在于这多打的几锤使量变引起了新的质变，超出了板材由"平"到"不平"的关节点，使钢板又回到了原来"不平"的状态。正是因为如此，平整钢板要求工人熟练地掌握锤击的数量和轻重程度，也就是要掌握好量变引起质变的度的关节点。

上面所讲的内容，虽然是平整钢板的规律，但是，其中也包含着一般的哲学道理。其它任何事物都是质和量的辩证统一，都有其特定的质

和量的范围和程度，有度的关节点。这就要求我们做任何事情都要掌握好量变引起质变的关节点，象调整钢板一样掌握其规律，而不能仅凭自己的主观意志去做。客观事物要求我们的是不仅能"对症下药"，而且要"下药适量"。

苏东坡续诗

——要辩证地看待共性和个性的关系

宋朝大文学家苏东坡，是翰林院的学士，人们都称他"苏学士"。有一天，他去拜访王安石。王安石没有在家。他见五安石的书桌上有首咏菊的诗，这首诗没有写完，只写了两句："西风昨夜过园林，吹落黄花满地金。"

苏东坡看了，心里想：这不是胡言乱语吗？"西风"明明是秋风，"黄花"是菊花，而菊花敢与秋露鏖战，是能耐寒的。说西风"吹落黄花满地金"，岂不大错特错？于是他诗兴大发，不能自持，便提笔舐墨，续诗两句："秋花不比春花落，说与诗人仔细吟。"

王安石回来后，看了这两句诗，对于苏东坡这种自以为是的作风很不满意。他为了让事实教训一下苏东坡，便把他贬为黄州团练副使。苏东坡在黄州住了将近一年。

这年，到了重九天气，连日大风。一天风息后，苏东坡邀请了他的好友陈季常到后园赏菊。只见菊花纷纷落瓣，满地犹如铺金一般，这时他想起给王安石续诗的事来，不禁目瞪口呆，半晌无语，恍然悔悟到是自己错了。

这个故事向我们提出了一个有教育意义的问题：办任何事情都要根据具体情况进行具体分析，否则就会犯主观主义的错误。那么苏东坡的错误出在哪里呢？

按唯物辩证法的观点看，任何事物都是共性和个性的辩证统一，共

挤物中具体事物的矛盾特殊性或个别的特性；共性寓于个性之中，个性
又表现共性。辩证法强调，要从共性和个性的辩证关系上去把握矛盾，
就要对事物进行具体分析。只有在矛盾的普遍性原理或共性的原理指导
下，去具体地分析彩物矛盾的特殊性或个性，从客观实际的具体条件出
发去看事物的具体矛盾，才能真正认识矛盾并找到解决矛盾的具体方
法。否则，就会脱离实际，不能真正认识矛盾。苏东坡的错误就在于只
从事物的共性出发观察问题，如他只看到了菊花耐寒的共性，而没有看
到具体的个性是复杂的，在某些具体环境中生长的菊花，会在"西风"
吹过之后"黄花"落地。这就使他犯了脱离实际，错续王安石诗的错
误。

当然，我们从中应该领悟的是上面讲的哲学道理，我们认识矛盾要
认识共性，但绝不能只从共性出发，而应和个性结合起来，以个性为根
据来理解共性，否则就会犯教条主义的错误。当然最重要的还是要辩证
地看待共性和个性的关系。

"增灶和减灶"的故事

——在思维方法上要坚持唯物辩证法，反对形而上
学

东汉时期有个官吏叫虞诩，他在抵御羌族的入侵上很有功绩。后来
羌人侵犯武都郡，虞诩便被派往武都去做太守，以抗击羌军。羌军知道
这个消息后，派出几千士兵企图把虞诩拦在陈仓蠟谷一带把他们消灭。
虞诩来到陈仓，了解了敌人的意图，暂且按兵不动，故意传出消息，说
要上书给皇帝请求救兵，等救兵来到后再齐行进。敌人得到这个消息后
信以为真，于是分兵抄掠附近各县。虞诩趁着敌军分散之机，连夜溜入
敌后，一天一夜行军100多里。他命令部下，每人造两个灶，使军灶的

数目一天增加一倍。羌军见虞诩的军灶一天天增加，以为救兵来了，便不敢迫近。

有人问虞诩："战国时候齐国的大将孙膑和魏将庞涓打仗，进入盟国国境时立15万个灶，第二天孙膑命令减到5万，第三天减到3万。庞涓追了三天，见此状高兴地说：'我本来就知道齐兵胆怯，果然如此。他们开进我的地盘才三天。士兵已经逃跑大半了。'于是以轻兵猛进，结果中了孙膑的埋伏，兵败身亡。孙膑减灶取胜的经验你不采用，反而增灶，这是什么道理呢？兵法上说一日行军不可超过30里，以防意外，如今你却一天行军百余里，这又是什么原因呢？"虞诩回答说："敌人兵多，我们兵少，走得慢就容易被敌人追上，快一点走敌人就摸不清我们的底细了。敌人见我们军灶天天地增加，一定以为武都郡的军队来迎接我们了。他们以为我们人多，又见我们行军很快，就不敢来追赶了。我们和孙膑当时的情况不同，孙膑是为了麻痹敌人，引诱敌人追赶，所以用减灶的计谋故意示弱。现在我们需要吓唬敌人，使敌人不敢追赶，所以必须改用增灶的办法来示强。情况不一样了，战略战术也就应该有所改变。"后来虞诩打退了羌军的侵犯，使武都郡的人民得以安居乐业。

这个故事虽然离我们的时代很久远了，但是虞诩用兵中的辩证的哲理却仍给我们以启示。情况变了，是形而上学地只按兵法去作战或死循别人的经验，还是根据所变情况，灵活地改变战略战术，这是关系到胜败的大问题。这虽然是战争之事，但却表明两种不同的思维方法。一种是形而上学的思维方法；另一种是辩证的思维方法。辩证的思维方法可以使人根据具体情况，进行具体分析，从而使思想更富有灵活的创造性。而形而上学的思维方法，则使人死守教条，脱离实际。这两种思维方法所引起的结果是截然相反的。

换个角度

——要敢于打破常规，进行创造性思维

在一次欧洲篮球锦标赛上，保加利亚队与捷克斯洛伐克队相遇。当比赛剩下8秒钟时，保加利亚队以2分优势领先，一般来说已稳操胜券。但是，那次锦标赛采用的是循环制，保加利亚队必须赢球超过5分才能取胜。可要用仅剩下的8秒钟再赢3分，谈何容易。

这时，保加利亚队的教练突然请求暂停。暂停后，比赛继续进行。球场上出现了众人意想不到的事情：只见保加利亚队员突然运球向自家篮下跑去，并迅速起跳投篮，球应声入网。全场观众目瞪口呆，全场比赛时间到。但是，当裁判员宣布双方打成平局需要加时赛时，大家才恍然大悟。保加利亚队这出人意料之举，为自己创造了一次起死回生的机会。加时赛的结果，保加利亚队赢了6分，如愿以偿地出线了。

创造性思维就是以科学理论为指导，面对实际，敢于提出新问题，解决新问题。创造性思维，很重要的是敢于打破常规，进行逆向思维、求异思维和发散思维，敢于独辟蹊径，标新立异。保加利亚队的教练在遵守规则的前提下敢于独辟蹊径，获得出线，令人拍案叫绝。

可以改变的条件反射

——必然性与偶然性在一定条件下是会相互转化的

苏联的著名生物学家巴甫洛夫曾做过这样一个试验，他先给狗以灯光刺激，然后喂给它食物，于是反复几次以后，在狗的大脑中就形成了灯光和食物这两个刺激物的偶然联系。以后把这样的过程经多次反复固定下来，灯光和食物在狗大脑中的这种偶然联系，就逐渐转变为固定不变的必然的联系。这个时候，只要给狗以灯光刺激，狗的大脑必然马上

就联系到了食物，于是口中就开始分泌唾液。即便给了灯光刺激之后，不给狗以食物，狗仍然会分泌唾液，这就是条件反射。在这样的条件反射形成之后，如果反复只给灯光刺激，不再喂给食物，那么久而久之，动物大脑中灯光和食物的这两个刺激的必然联系就会消失，再给灯光刺激，狗也不会分泌唾液了。

人们的卫生习惯也有这样的情况，如果我们周围的环境卫生搞得很好，到处窗明几净，环境优雅，再加上适宜的、恰到好处的卫生宣传，那么，长期生活在这里的人一定会具有良好的卫生习惯。但是，如果换了一个环境，垃圾遍地，且无人过问，在这样的环境里，用不了很长的时间，即使已经养成了的好习惯也会改变。

上述两则实例，都说明了必然性与偶然性在一定条件下是会相互转化的。偶然性的情况反复的、固定的、强制的发生可以转化为必然；而必然在一定条件下也可以转化为偶然。在达尔文的"生物进化论"中，就包含着必然与偶然相互转化的辩证法。在物种的发展过程中，由于外界条件不断的变化，物种总会发生一定程度的变异。这样的变异，都是纯粹偶然的，不稳定的变化。物种经过变异，不能适应环境的变化，便消失了；而另外一些适应了新的环境，从而生存下来，并得到了发展，或形成新的物种。于是，偶然性转化为必然性。在新的物种身上，原来的某些性状有时还有可能出现，比如，有的人耳朵会动，有的人尾骨较大，但这些都不过是一种偶然的返祖现象，原来的必然性又转化为偶然性。不管是偶然性转化为必然性，还是必然性转化为偶然性，我们必须注意这样的两个因素：第一是事物自身有这种转化的根据；第二必须有相应条件的变化。狗受到灯光刺激分泌唾液，人在卫生的环境中不随地吐痰，是说明了条件的重要性。但是如果狗没有见到食物必分泌唾液的本能，人没有社会道德形成的舆论压力对自己的影响，那么，这种必然性是无法由偶然性转化而来的。

"水滴石穿"和"积叶成书"
——量变引起质变的道理要求人们要重视量的积累

"水滴石穿"是古人从生活实践中总结出来的一句成语。它是说水滴虽小而弱，但日积月累不断滴到石头上也能把石头穿个洞。比喻力量虽小，但功到自然成。我们这里所说的"水滴石成"讲的是同样的道理。

凡是游览过桂林的七星岩和芦笛岩的人，都一定会被那里的溶洞奇观所吸引。面对那有似老者舂米，有似淑女斗兽，有似盛开秋菊，有似待割白菜，有似竹笋节节的千姿百态的钟乳石，无不赞叹。那奇突的钟乳晶莹欲滴更是令人拍手叫绝。科学家告诉我们，要是没有水一点一滴地"塑造"，就不会有这一切。原来，水有一种特殊的本领，就是能够溶解主要由碳酸钙组成的石灰岩。它沿着石灰岩的裂缝流淌滴落下来，水里的碳酸钙便会因水分的蒸发而沉淀。尽管沉淀的速度极其缓慢，每百年才一厘米左右，但大自然有的是时间和"耐心"。经过几十万乃至上百万年的沉积，各种形状的钟乳石和石笋便终于在这些小洞里形成了。于是，水滴就"石成"了。这是大自然所包含的量变引起质变的哲理，而人类生活中同样包含有这一哲理，"积叶成书"便是一例。

《明史》记载：江苏湘江有一位乡村教书先生叫陶宗仪。他在教学之余，还种了一些地，每次干活休息的时候，他总喜欢将自己的治学心得和诗以及见闻写下来。由于身边没有纸，树叶就成了他记载这些心得、见闻的"纸"。每当写完一叶，就装入一口瓮里，瓮装满后，就埋在树下。过了十多年，想不到他装树叶的瓮竟有几十个。一天他让自己的学生把那些埋在树下的瓮挖出来，再将叶子上的文字加以抄录整理，终于写成了一本厚厚的书。这就是我们今天尚可以看到的共达30卷的《掇耕录》。这一故事生动地表明了，知识是积少成多、逐步积累起来的。

可见，"水滴石成"也好，"积叶成书"也好，都说明事物的变化总是由一点一滴的量的变化开始，然后积少成多，由小变大，由微至著，最后终于使事物的形态和性质发生根本变化。可以说这是事物发展的客观规律，是不以人的意志而转移的，人们只有认识到它，才不至于急于求成反而不成。俗话说："欲速则不达"，讲的就是这样一个辩证的哲理。我们只有在承认和遵循这一规律的前提下，才能真正地去发挥主观能动性，促使事物的发展。

穷，也要站在富人堆里？！

——矛盾的双方在一定的条件下会相互转换

青少年应该知道的哲学知识

有一种穷人算是穷到了家。他们宁愿位列一支穷人的队伍之首做一辈子穷人，也不愿跑到一支富人的队伍之尾去做一会儿富人。这样做到底如何呢？请大家听听一个到中国讲犹太商法的日本学者手岛佑郎的演讲。

他演讲的题目是《穷，也要站在富人堆里？！》先后在以色列和美国专研犹太商法已达30余年的手岛佑郎不愧是个博士。他在简要讲述犹太史和犹太圣典《塔木德》及它们与《穷，也要站在富人堆里？！》的关系之前，先说起了两个极短的故事。

——在每一个犹太人家里，当小孩稍稍懂事时，母亲就会翻开圣典，点一滴蜂蜜在上面，然后叫小孩子去吻经书上那滴蜂蜜。

——犹太人的孩子几乎都要回答母亲同一个问题：假如有一天，你的房子突然起火，你会带什么东西逃跑？如果孩子回答是钱或钻石，那么母亲会进一步问：有一种无形、无色也无气味的宝贝，你知道是什么吗？要是孩子答不出来，母亲就会说：孩子，你应带走的不是别的，而是这个宝贝，这个宝贝就是智慧。智慧是任何人都抢不走的。你只要活着，智慧就永远跟随着你。

手岛佑郎一一例举了犹太商法的32种智慧。这时，一个迟到的听众递上一张纸条，问什么是犹太商法。

手岛佑郎大声说：我在解释之前，先向你提三个问题吧。

第一个问题，如果有两个犹太人掉进了一个大烟囱，其中一个身上满是烟灰，而另一个却很干净，那么他们谁会去洗澡？

当然是那个身上脏的人！

错！那个被弄脏的人看到身上干净的人，认为自己一定也是干净的，而干净的人看到脏人，认为自己可能和他一样脏，所以是干净的人要去洗澡。

第二个问题，他们后来又掉进了那个大烟囱，情况和上次一样，哪一个会去澡堂？

这还用说吗，是那个干净的人！

又错了！干净的人上一次洗澡时发现自己并不脏，而那个脏人则明白了干净的人为什么要去洗澡，所以这次脏人去了。

第三个问题，他们再一次掉进大烟囱，去洗澡的是哪一个？

这？是那个脏人。不，是那个干净的人！

你还是错了！你见过两个人一起掉进同一个烟囱，结果一个干净、一个脏的事情吗？

黑压压的听众一时寂静，只有手岛佑郎的声音在回响着：这就是犹太商法，这就是《穷，也要站在富人堆里？！》的灵魂！穷是一种切肤没齿的感受，富是一种矜持倨傲的状态。穷人赞羡富人积累财富的结果，却忽略了富人通达财路的智慧。

穷到富的转变是大多数人憧憬的，但没有致富的思想和手段，富有殷实只是聊以自慰的幻想。穷人不能只是慨叹命运不济。穷人只有站在富人堆里，汲取他们致富的思想，比肩他们成功的状态，才能真正实现致富的目标。

手岛佑郎一口气说完，现场立即响起热烈的掌声。当手岛佑郎宣布想进一步了解详情的人可以申领他的《穷，也要站在富人堆里？！》讲

义的时候，掌声再次响起来，以致手岛佑郎的声音都被淹没了。

矛盾的双方在一定的条件下会相互转换，由穷到富就是这样，只要我们积极努力，不要只是一味慨叹命运不济，肯于站在富人堆里，汲取他们致富的思想，比肩他们成功的状态，就一定能实现致富的目标。

一道测试题

——矛盾着的双方依据一定的条件相互依存又相互转化

给你做一道题吧，测试一下看看你是不是通得过自己对自己的考验。一家公司招收新的职员，其中一道测试题是：

你开着一辆车。在一个暴风雨的晚上，你经过一个车站。有三个人正在等公共汽车。一个是快要死的老人，好可怜的。一个是医生，他曾救过你的命，是大恩人，你做梦都想报答他。还有一个女人/男人，她/他是那种你做梦都想嫁/娶的人，也许错过就没有了。但你的车只能坐一个人，你会如何选择呢？请解释一下你的理由。

我不知道这是不是一道对你性格的测试题，因为每一个回答都有他自己的原因。

老人快要死了，你首先应该先救他。然而，每个老人最后都只能把死作为他们的终点站。

你先让那个医生上车，因为他救过你，这是个报答他的好机会。同时有些人认为可以在将来某个时候去报答那个医生。

但是你一旦错过了这个机会，可能永远不会再遇到一个让你这么心动的女人/男人了。

在200个应征者中，只有一个人被雇佣了，他并没有解释他的理由，他只是说了以下的话

给医生车钥匙，让他带着老人去医院，而我则留下来陪我的梦中情

人一起等公车!

每个我认识的人都认为以上的回答是最好的,但没有一个人(包括我在内)一开始就想到。

是否是因为我们从未想过要放弃我们手中已经拥有的优势(车钥匙)?有时,如果我们能放弃一些我们的固执、狭隘和一些优势的话,我们可能会得到更多。

矛盾就是对立统一。矛盾着的双方依据一定的条件相互依存又相互转化。得与失就是一对矛盾的双方。没有失就没有得,没有得也就没有失,这个故事告诉我们要学会用矛盾的观点认识和解决问题,只有这样,我们才能赢得生活里更多的精彩。

永远的坐票

——内因是事物变化发展的根据

朋友经常出差,也经常买不到对号入坐的车票。可是无论长途短途,无论车上多挤,他说,他总能找到座位。

他的办法其实很简单,就是耐心地一节车厢一节车厢找过去。这个办法听上去似乎并不高明,但却很管用。每次,他都做好了从第一节车厢走到最后一节车厢的准备,可是每次他都用不着走到最后就会发现空位。他说,这是因为像他这样锲而不舍找座位的乘客实在不多。经常是在他落座的车厢里尚余若干座位,而在其他车厢的过道和车厢接头处,居然人满为患。

他说,大多数乘客轻易就被一两节车厢拥挤的表面现象迷惑了,不大细想在数十次停靠之中,从火车十几个车门上上下下的流动中蕴藏着不少提供座位的机遇;即使想到了,他们也没有那一份寻找的耐心。眼前一方小小立足之地很容易让大多数人满足,为了一两个座位背负着行囊挤来挤去有些人也觉得不值。他们还担心万一找不到座位,回头连个

好好站着的地方也没有了。与生活中一些安于现状不思进取害怕失败的人，永远只能滞留在没有成功的起点上一样，这些不愿主动找座位的乘客大多只能在上车时最初的落脚之处一直站到下车。

朋友作为生意人，经常被同行羡慕运气好。因为一些看来希望渺茫的机会一旦被他撞上，总能达成最后的合同。当我听过他找座位的故事后，开始悟出，他的运气其实是他不懈追求的回报。他的自信、执着，他的富有远见、勤于实践让他握有了一张人生之旅永远的坐票。由此看来，在事物的变化发展中，内因是根据。

小男孩与巨石

——既要尊重客观规律，又要充分发挥主观能动性

星期六上午，一个小男孩在他的玩具沙箱里玩耍。沙箱里有他的一些玩具小汽车、敞篷货车、塑料水桶和一把亮闪闪的塑料铲子。在松软的沙堆上修筑公路和隧道时，他在沙箱的中部发现一块巨大的岩石。

小家伙开始挖掘岩石周围的沙子，企图把它从泥沙中弄出去。他是个很小的男孩，而岩石却相当巨大。手脚并用，似乎没有费太大的力气，岩石便被他边推带滚地弄到了沙箱的边缘。不过，这时才发现，他无法把岩石向上滚动、翻过沙箱边墙。

小男孩下定决心，手推、肩挤、左摇右晃，一次又一次地向岩石发起冲击，可是，每当他刚刚觉得取得了一些进展的时候，岩石便滑脱了，重新掉进沙箱。

小男孩只得哼哼直叫，拚出吃奶的力气猛推猛挤。但是，他得到的唯一回报便是岩石再次滚落回来，砸伤了他的手指。最后，他伤心地哭了起来。这整个过程，男孩的父亲从起居室的窗户里看得一清二楚。当泪珠滚过孩子的脸庞时，父亲来到了跟前。父亲的话温和而坚定：儿子，你为什么不用上所有的力量呢？

青少年应该知道的哲学知识

垂头丧气的小男孩抽泣道："但是我已经用尽全力了，爸爸，我已经尽力了！我用尽了我所有的力量！""不对，儿子。"父亲亲切地纠正道："你并没有用尽你所有的力量，你没有请求我的帮助。"父亲弯下腰，抱起岩石，将岩石搬出了沙箱。

人互有短长，你解决不了的问题，对你的朋友或亲人而言或许就是轻而易举的，记住，他们也是你的资源和力量。

铁钉、战马与王朝

——因果联系是普遍客观的

在英国民间流传着这样一首歌谣：

> 缺了一枚铁钉，掉了一只马掌；
>
> 掉了一只马掌，失去一匹战马；
>
> 失去一匹战马，损了一位骑兵；
>
> 损了一位骑兵，丢了一次战斗；
>
> 丢了一次战斗，输掉一场战役；
>
> 输掉一场战役，毁了一个王朝。

同所有民间谚语和歌谣一样，这首歌谣也是源自于社会生活当中，它反映的是战场上的一个真实事件，而且这首歌谣还以极其生动和简洁的形式几乎十分完整地叙述了那场战争。

那是在1485年，当时的英国国王到波斯沃斯征讨与自己争夺王位的里奇蒙德伯爵。决战马上就要开始了，战斗双方剑拔弩张。他们都知道胜败将在此一举，他们当中总有一方要戴上大英帝国的王冠，而另一方则只能沦为阶下囚。

决战开始的前一天，国王责令全军将士都要严整军容，并且要把所有的战斗工具调整到最好的状态，比如，确保足够的盾牌和长矛数量，使自己的钢刀更加锋利，以及使自己的战马更加勇往无前等。一位叫做

杰克的毛头小伙子在这场战役中担任国王的御用马夫。他牵着国王最钟爱的战马来到了铁匠铺里，要求铁匠为这匹屡建奇功的战马钉上马掌。

钉马掌只是一件小活儿，却因最近战事频繁，铁匠铺的生意都好得不得了，所以铁匠对这个年轻的马夫有些怠慢。身为国王的马夫，杰克当然容不得对方的这种轻视态度，于是他端着架子对铁匠说："你知道这匹马的主人是谁吗？你知道这匹战马将要立下怎样的战功吗？告诉你，这可是国王的战马，明天国王就要骑着它打败里奇蒙德伯爵。"铁匠再也不敢怠慢眼前的小马夫了，他把马牵到棚子里开始为马钉马掌。

钉马掌的工作其实很简单，这个技艺娴熟的铁匠不知道已经为多少战马钉过马掌了。但是今天，就在为国王的御用战马钉马掌的这一刻，他却感到了为难，原来他手中的铁片不够了。于是他告诉马夫需要等一会儿，自己要到仓库中寻找一些能用于钉马掌的铁片。可是马夫杰克却很不耐烦，他说："我可没有那么多时间等你，里奇蒙德伯爵率领的军队正在一步一步地向我们逼进，耽误了战斗，无论是你还是我都承担不起责任。"看到铁匠愁眉苦脸的样子，他又说："你可以随便找其他一些东西来代替那种铁片吗？难道在你偌大个铁匠铺里就找不到这样一些东西吗？"杰克的话提醒了铁匠，他找到一根铁条，当铁条被横截之后，正好可以当成铁片用。

铁匠将这些铁片一一钉在了战马的脚掌上，可是当他钉完第三个马掌的时候，他发现又有新问题出现了——这一次是钉马掌用的钉子用完了，这不能怪铁匠储备的东西不够丰富，实在是战争中需要用的铁制工具太多了。铁匠只好再请求马夫再等一会儿，等自己砸好铁钉再把马掌钉好。马夫杰克实在是等不及了，让铁匠再凑合凑合得了，铁匠告诉他恐怕不牢固，但马夫坚持不愿意再等了。这匹战马就这样带着一个缺少了钉子的马掌离开铁匠铺，载着国王冲到了战斗的最前沿。

最后的结果就如同那首歌谣唱的那样，国王在骑着战马冲锋的时候，没有钉牢的马掌忽然掉落，战马随即翻倒，国王滚下马鞍被伯爵的士兵活活擒住，这场战役以国王的彻底失败而告终。

千里之堤，溃于蚁穴；一个庞大的王朝，足以被一个铁钉毁掉。过去听到类似的劝诫时，我们总是将其当作耸人听闻的耳旁风，当我们亲身体验到其中的滋味时，常常为时已晚。

细微变化影响全局

——要重视因果联系

1979年12月末，美国著名的气象学家爱德华·洛伦兹在华盛顿召开的美国科学促进会上发表了一次震惊世界的演讲。演讲的题目就是《不可预测性：一只蝴蝶在巴西扇动翅膀有可能会引起美国得克萨斯州的一场龙卷风》，他这次演讲的内容后来被总结为蝴蝶效应，现在蝴蝶效应的理论已经被用于人们生活和工作的方方面面。

爱德华·洛伦兹提出的蝴蝶效应其实很简单，就是说一只生活在亚马逊河流域的蝴蝶在翩翩起舞时扇动几下翅膀，很可能就会在一段时间之后引起美国得克萨斯州的一场龙卷风。

爱德华·洛伦兹之所以得出这样的观点是完全建立在多年的实践观察和科学研究基础之上的。产生"蝴蝶效应"的原因是这样的：蝴蝶翅膀的不断运动会导致其周围的空气系统发生极其微妙的变化，这些变化的幅度虽然小得难以让人感受得到，但是它却会形成一股微弱的气流，而这股微弱的气流会引起四周空气产生相应的变化，之后又会引起一系列连锁反应，导致天气系统发生更大的变化，最终将很可能在遥远的地方发生一场猛烈的龙卷风。

凡是经历过龙卷风的人，每当谈起它的时候都会脸色大变。这是因为猛烈的龙卷风以其无比的威力侵袭着人们的家园并且深深地震撼着人们的心灵。可有谁会在意一只蝴蝶的翅膀运动？身在得克萨斯州的美国人更不会在意远在亚马逊河流域蝴蝶的翅膀运动，但是敏感的气象学家爱德华·洛伦兹博士却从中发现了龙卷风与蝴蝶翅膀运动之间的联系，

这不由得令人们感到震惊。更令人们感到震惊的，还是他在"蝴蝶效应"这一理论中提出的观点。

任何一次看似偶然的变故，其实很久以前就可能已经由某些不为人注意的细节决定了，所以我们不应该忽略任何细微的事物。

鳗鱼效应

——矛盾是事物发展的动力

在秀丽的日本北海道盛产一种味道极为鲜美的鳗鱼，海边渔村的许多渔民都以捕捞鳗鱼为生。然而这种珍贵鳗鱼的生命却特别脆弱，它一旦离开深海便容易死去，为此渔民们捕回的鳗鱼往往都是死的。

在村子里，却有一位老渔民天天出海捕鳗，返回岸边后他的鳗鱼总是活蹦乱跳，几无死者。而与之一起出海的其他渔户纵是使尽招数，回岸依旧是一船死鳗鱼。因为鳗鱼活的少，自然就奇货可居起来，活鳗鱼的价格也是死鳗鱼的几倍。于是同样的几年工夫，老渔民成了当时有名的富翁，其他的渔民却只能维持简单的温饱。

时间长了，渔村甚至开始传言老渔民有某种魔力，让鳗鱼保持生命。

就在老渔民临终前，他决定把秘诀公之于世。其实老渔民并没什么魔力，他使鳗鱼不死的方法非常简单，就是在捕捞上的鳗鱼中，再加入几条叫狗鱼的杂鱼。狗鱼非但不是鳗鱼的同类，而且是鳗鱼的"死对头"。几条势单力薄的狗鱼在面对众多的"对手"时，便惊慌失措地在鳗鱼堆里四处乱窜，由此却勾起了鳗鱼们旺盛的斗志，一船死气沉沉的鳗鱼就这样给激活了。

引入几个"对手"便使一船鳗鱼起死回生，老渔民的做法不能不令人惊奇。而在现实生活中，没有竞争的地方也往往是死水一潭，一旦有了竞争，人们则斗志昂扬，激情四射，这正是竞争的力量之所在。

青少年应该知道的哲学知识

有时候拥有一个强劲的竞争对手真是一件幸事。

放弃也是一种机会
——要善于抓住机遇

父亲给孩子带来一则消息，某一知名跨国公司正在招聘计算机网络员，录用后薪水自然是丰厚的，还因为这家公司很有发展潜力，近些年新推出的产品在市场上十分走俏。孩子当然是很想应聘的。可在职校培训已近尾声了，这要真的给聘用了，一年的培训就算夭折了，连张结业证书都拿不上。孩子犹豫了。父亲笑了，说要和孩子做个游戏。他把刚买的两个大西瓜——放在孩子面前。让他先抱起一个，然后，要他再抱起另一个。孩子瞪圆了眼，一愁莫展。抱一个已经够沉的了，两个是没法抱住的。"那你怎么把第二个抱住呢？"

父亲追问。孩子愣神了，还是想不出招来。父亲叹了口气："哎，你不能把手上的那个放下来吗？"孩子似乎缓过神来，是呀，放下一个，不就能抱上另一个了吗！孩子这么做了。父亲于是提醒：这两个总得放弃一个，才能获得另一个，就看你自己怎么选择了。孩子顿悟，最终选择了应聘，放弃了培训。后来，如愿以偿，成了那家跨国公司的职员。

前些天，有几个同学聚会，都说现在下海经商的愈来愈多。有一位同学在某事业单位任职，就直抒胸臆：自己也想下海，可以多点机会赚钱，可又舍不得离开这事业单位。毕竟旱涝保收，工作也是蛮稳当的。因此，老是犹豫不决。他的一位同事倒是辞职下海了，还如鱼得水，干得不赖，让人羡慕。那同事对他说，你不愿放弃，却又想再获得，未免太天真了吧。他觉得同事说得有理，可仍举棋不定。

席间，又提及一位女生。说她本是班上最漂亮、最有气质的女孩。但至今孑然一身。知情者说，她追求者众，令她眼花缭乱。心眼也活，

今天见这个好，明天见那个也不错，总想选一个各方面都称心如意的。这想法并不坏，可男人也是人啊，最终，情爱在她身边飘然而逝。其实，她倒碰上过一个真正爱她、呵护她，甚至宁愿为他作出牺牲的男孩。这男孩在时下也不多见了，比较传统，心眼挺实在的，挺有点男子汉味道的。女孩曾经视他为第一候选人的，相处蛮长时间了。可同时，女孩还在约会其他男孩，倒没有什么出格的事，就是想再多一点机会，再好好选择一番。男孩再爱她，最后也是难以忍受这般折磨的。等到女孩有所醒悟时，男孩已出国并且成家了，女孩很后悔。也许上天给予她太多，反而让她失去了最宝贵的东西。

何必"锱铢必较

——矛盾的两个方面在一定条件下相互转化

《宋稗类钞》中载有这样一件事：宋朝有个名叫苏掖的常州人，官至州县监察官。他家中十分有钱，但却非常吝啬，常常在置办田产或房产时，不肯付足对方应得的钱。有时候，为了少付一分钱，他会与人争得面红耳赤。他还最会趁别人困窘危急之时，压低对方急于出售的房产、地产及其他物品的价格，从而牟取暴利。有一次，他准备买下一户破产人家的别墅，竭力压低房价，为此与对方争执不休。

他儿子在旁看不下去了，忍不住发话道："爸爸，您还是多给人家一点钱吧！说不定将来哪一天，我们儿孙辈会出于无奈而卖掉这座别墅，希望那时也有人给个好价钱。"苏掖听儿子这么一说，又吃惊，又羞愧，从此开始有所醒悟了。

贤淑的长孙皇后
——矛盾的两个方面相互依存

　　唐太宗大治天下，盛极一时，除了依靠他手下的一大批谋臣武将外，也与他贤淑温良的妻子长孙皇后的辅佐是分不开的。

　　长孙皇后知书达礼、贤淑温柔、正直善良。对于年老赋闲的太上皇李渊，她十分恭敬而细致地侍奉，每日早晚必去请安，时时提醒太上皇身旁的宫女怎样调节他的生活起居，像一个普通的儿媳那样力尽着孝道。对后宫的妃嫔，长孙皇后也非常宽容和顺，她并不一心争得专宠，反而常规劝李世民要公平地对待每一位妃嫔，正因如此，唐太宗的后宫很少出现争风吃醋的韵事，这在历代都是极少有的。长孙皇后凭着自己的端庄品性，无言地影响和感化了整个后宫的气氛，唐太宗不受后宫是非的干扰，能专心致志料理军国大事，难怪唐太宗对她十分敬服呢！虽然长孙皇后出身显贵之家，又贵为皇后，但她却一直遵奉着节俭简朴的生活方式，衣服用品都不讲求豪奢华美，饮食宴庆也从不铺张，因而也带动了后宫之中的朴实风尚，恰好为唐太宗励精图治的治国政策的施行作出了榜样。

　　长孙皇后不但气度宽宏，而且还有过人的机智。

　　一次，唐太宗回宫见到了长孙皇后，犹自义愤填膺地说："一定要杀掉魏征这个老顽固，才能一泄我心头之恨！"长孙皇后柔声问明了原由，也不说什么，只悄悄地回到内室穿戴上礼服，然后面容庄重地来到唐太宗面前，叩首即拜，口中直称："恭祝陛下！"她这一举措弄得唐太宗满头雾水，不知她葫芦里卖的什么药，因而吃惊地问："什么事这样慎重？"长孙皇后一本正经地回答："臣妾听说只有明主才会有直臣，魏征是个典型的直臣，由此可见陛下是个明君，故臣妾要来恭祝陛下。"唐太宗听了心中一怔，觉得皇后说的甚是在理，于是满天阴云随之而消，魏征也就得以保住了他的地位和性命。

倾听

——矛盾的两个方面在一定条件下相互转化

韦恩是罗宾见到的最受欢迎的人士之一。他总能受到邀请。经常有人请他参加聚会、共进午餐、担任基瓦尼斯国际或扶轮国际的客座发言人、打高尔夫球或网球。

一天晚上，罗宾碰巧到一个朋友家参加一次小型社交活动。他发现韦恩和一个漂亮女孩坐在一个角落里。出于好奇，罗宾远远地注意了一段时间。罗宾发现那位年轻女士一直在说，而韦恩好像一句话也没说。他只是有时笑一笑，点一点头，仅此而已。几小时后，他们起身，谢过男女主人，走了。

第二天，罗宾见到韦恩时禁不住问道：

"昨天晚上我在斯旺森家看见你和最迷人的女孩在一起。她好像完全被你吸引住了。你怎么抓住她的注意力的？"

"很简单。"韦恩说，"斯旺森太太把乔安介绍给我，我只对她说：'你的皮肤晒得真漂亮，在冬季也这么漂亮，是怎么做的？你去哪呢？阿卡普尔科还是夏威夷？'"

"夏威夷。"她说，"夏威夷永远都风景如画。"

"你能把一切都告诉我吗？"我说。

"当然。"她回答。我们就找了个安静的角落，接下去的两个小时她一直在谈夏威夷。

"今天早晨乔安打电话给我，说她很喜欢我陪她。她说很想再见到我，因为我是最有意思的谈伴。但说实话，我整个晚上没说几句话。"

看出韦恩受欢迎的秘诀了吗？很简单，韦恩只是让乔安谈自己。他对每个人都这样——对他人说："请告诉我这一切。"这足以让一般人激动好几个小时。人们喜欢韦恩就因为他注意他们。

一切都始于一只老鼠

——要正确对待逆境

穷困潦倒的年轻夫妇来到公园，坐在长椅上思考出路。因为付不起房租，他们被房东赶了出来。"今后该怎么办呢？"两人左思右想均无良策。

这时，从他们简陋的行李里忽然伸出一个小脑袋，那是他们平时最喜欢逗弄的一只小老鼠。想不到这只小东西竟跑进他们惟一的行李里面，跟着一起搬出了公寓。

小老鼠滑稽的面孔，迷人的眼睛，可爱的样子，逗得夫妻俩忘记了现实的烦恼。

太阳开始西下，夜幕即将降临。这时，年轻人忽然想到了一个前所未有的创意，他惊喜地嚷到："对啦，世界上像我们这样穷困潦倒的人一定很多，让这些可怜的人们，也看看米老鼠的可爱面孔吧！"

他的眼前出现一幕幕动人的奇景：小老鼠们为了填饱肚子辛勤劳动，为了战胜更大的敌人团结互助，它们甚至快活地跳舞，甜蜜地恋爱……

这位年轻的画家就是后来美国最负盛名的人物之———才华横溢的沃特·迪斯尼。

穷困潦倒中的迪斯尼充分运用想象力，创造了活泼可爱的Mickey Mouse。自大、爱恶作剧的、又热心解决问题的米老鼠成了美国经济大萧条时期的精神象征。

1923年，迪斯尼和他的哥哥罗恩凑了3200美元重新创业，成立"迪斯尼兄弟动画制作公司"，这就是今天迪斯尼娱乐帝国的真正开始。1929-1932年，有100多万美国儿童加入"米奇俱乐部"，在当年的经济大萧条中，给美国儿童带来了无穷快乐。

1934年，迪斯尼将童话故事《白雪公主》改编制作成动画电影。当

时，几乎所有人都反对他，因为要花费50万美元，这在当时是一个天文数字！沃尔特坚定地聘请了300多位艺术家来帮他完成这项"不可能的任务"。1937年12月21日，《白雪公主》问世，给沃特带来的是一个家喻户晓的卡通人物和10倍的投资回报率。

迪斯尼不断挑战的劲头被很好地继承下来。1955年，迪斯尼把动画片所运用的色彩、刺激、魔幻等表现手法与游乐园的功能相结合，推出了世界上第一个现代意义上的主题公园--洛杉矶迪斯尼乐园。1971年迪斯尼公司又在美国本土建成了占地130平方公里，7个风格迥异的主题公园、6个高尔夫俱乐部和6个主题酒店组成的奥兰多迪斯尼世界。1983年和1992年，迪斯尼以出卖专利等方式，分别在日本东京、法国巴黎建成了两个大型迪斯尼主题公园。至此，迪斯尼成为世界上主题公园行业内巨无霸级跨国公司。

上帝给谁的都不会太多。沃特·迪斯尼只得到了一只老鼠，可是他成功了！

新疆淘金和养牛

——矛盾的特殊性要求坚持具体问题具体分析

纪晓岚写过一本《阅微草堂笔记》，其中有他被流放到新疆时在乌鲁木齐碰到的两件真事。

一个是采金。新疆北部阿勒泰地区当时有金矿，很多关内去的流民去那里淘金。这事被清朝政府驻乌鲁木齐的大臣知道了，找谋士来商量。有个谋士出了个馊主意，说很简单，通往阿勒泰产金区就一条路，派兵把守住关口，不准粮食进去，里面的人没粮食，只有乖乖地出来。驻乌鲁木齐大臣接受了这个建议，派兵把守路口，不准粮食往里运。这下糟了，里面有好几万人，粮食一短缺就乱了。他们翻山越岭出来后，不少人变成了土匪，到处抢掠。清朝政府派兵去围剿，打了好几年，花费的军饷不知道有多少。这就是违背了客观经济规律。其实只要顺着经济规律，很好办。既然只有一条路可以进去，在门口设个关卡，采了金的人要出来，可以，照章纳税。这样，民众有收入，国家也有收入。

第二件事情，新疆有一年春耕的时候，牛很少，怕误了春耕，有谋士建议，说新疆人都吃牛肉，如果禁止宰牛，牛就多了。驻乌鲁木齐大臣听了这个建议，下了宰牛禁令。结果，整个新疆那一年都不养牛了，牛的数量没有增加，反而更缺了。不得已，过了一段时间，又把这个禁令取消了。

松下吃牛排

——事物是普遍联系的，要学会用联系的观点看问题

素有"经营之神"之称的日本松下电器总裁松下幸之助有一次在一家餐厅招待客人，一行六个人都点了牛排。等六个人都吃完主餐，松下让助理去请烹调牛排的主厨过来，他还特别强调："不要找经理，找主厨。"助理注意到，松下的牛排只吃了一半，心想一会的场面可能会很尴尬。

主厨来时很紧张，因为他知道请自己的客人来头很大。"是不是牛排有什么问题？"主厨紧张地问。"烹调牛排，对你已不成问题，"松下说，"但是我只能吃一半。原因不在于厨艺，牛排真的很好吃，你是位非常出色的厨师，但我已80岁了，胃口大不如前。"

主厨与其他的五位用餐者困惑得面面相觑，大家过了一会才明白怎么一回事。"我想当面和你谈，是因为我担心，当你看到只吃了一半的牛排被送回厨房时，心里会难过。"

聪明鸟给人的忠告

——学会用矛盾的观点看问题，不断提升自己的认识问题和解决问题的能力

一天，一个猎人捕获了一只能说70种语言的鸟。

"放了我，"这只鸟说，"我将给你三条忠告。"

"先告诉我，"猎人回答道，"我发誓我会放了你。"

"第一条忠告是，"鸟说道，"做事后不要懊悔。"

"第二条忠告是：如果有人告诉你一件事，你自己认为是不可能的就别相信。"

"第三条忠告是：当你爬不上去时，别费力去爬。"

然后鸟对猎人说："该放我走了吧。"猎人依言将鸟放了。

这只鸟飞起后落在一棵大树上，又向猎人大声喊道："你真愚蠢！你放了我，但你并不知道在我的嘴中有一颗价值连城的大珍珠。正是这颗珍珠使我这样聪明。"

这个猎人很想再捕获这只放飞的鸟。他跑到树跟前并开始爬树，但是当他爬到一半的时候，他掉了下来并摔断了双腿。

鸟嘲笑他并向他喊道："笨蛋！我刚才告诉你的忠告你全忘记了。我告诉你一旦做了一件事情就别后悔，而你却后悔放了我。我告诉你，如果有人对你讲你认为是不可能的事，就别相信，而你却相信像我这样一只小鸟的嘴中会有一颗很大的珍珠。我告诉你如果你爬不上去，就别强迫自己去爬，而你却追赶我并试图爬上这棵大树，结果掉下去摔断了双腿。这个箴言说的就是你：'对聪明人来说，一次教训比蠢人受一百次鞭挞还深刻。'"说完，鸟飞走了。

矛盾的双方是既对立又统一的关系，矛盾双方在一定的条件下会向各自相反的方向转化。聪明与愚笨就是这样，二者往往只有一步之遥，故事中的猎人由于一念之差结果一错再错，使自己陷于尴尬境地，变得愚笨而不堪一击。这就启示我们在实际生活中要学会用矛盾的观点看问题，不断提升自己的认识问题和解决问题的能力。

奇迹鱼
——坚持到最后就是胜利

这辈子我一直都想要有个水族箱，虽然我孩提时拼了命地祷告，但它始终未曾实现，现在身为必须以有限的经济预算抚养五个小孩的成人，我也负担不起这样的奢侈品，不过，这个梦想一直存在于我心中。

有一天，我在一个车库大拍卖里找到了一个只要五块钱的三十加仑水族箱，真是狂喜不能自禁：我那一直未圆的养鱼梦终于可以成真了！我努力擦洗这个旧水族箱，修补上面的刮痕，把缝隙填满防止漏水，然后把它装满水试试它是否能用。哇！好个鱼缸！它的情况还很好，我带着孩子一起到宠物店里去逛逛，答应他们可以帮我选些彩色的装饰石头和我的新鱼族伙伴。未曾想我的梦一下子就破灭了，水族箱的设备比我原先预计的还要贵很多，我回家时双手空空，心情沉重。

我把空的水族箱放在咖啡桌上，拿它来放零钱，慢慢为我的水中朋友和它们昂贵的呼吸设备存钱，购买日常杂货所剩下的钱都丢到了里面。孩子们也来帮忙，他们拿自己的东西办了车库大拍卖，也挨户去兜售自制的饼干。

一年以后，鱼缸里装的纸钞、硬币已经够我们买设备和一些鱼了，孩子们和我在宠物店里待了好几小时，挑选彩色石、植物、让鱼躲藏的东西，鱼儿在新家所需的氧气设备也全部齐备，还有最重要的六条鱼，我们一个人选了一条最健康、最健壮的。孩子为鱼儿命名时高兴得尖叫不停。莫莉鱼理所当然地被取名为莫莉和波莉，葛拉米鱼叫葛拉梅和布什，而银色金钱鱼则叫便士和尼可。

我把鱼放进刚清理过、装满水的鱼缸里。我们整晚都兴奋地看着它

们在新家里四处逡巡。便士轻咬了波莉的尾巴一口，不过他们最后讲和了。孩子们很开心，我则是感动无比，一切都非常完美。

第二天早上我丈夫让我赖床，一如平常的周日，他起床为孩子们准备早餐，先去煮咖啡，但他马上跑回卧室，坐在床上，轻轻地把我摇醒。

"亲爱的，很抱歉把你吵醒，但是你的鱼出了点问题。"

我睡眼惺忪地问他是什么事。

"鱼缸里的水全部流光了。"

很好笑，我已经测试鱼缸不下一千次了，它是毫无问题的。我翻过身，把头埋在枕头下说："别拿我的鱼来跟我开玩笑。"

"我不是在开玩笑，"他说，"你来看就知道了。"我从枕头下瞥了他一眼，看到他脸上的认真表情。

我跳下床，跑过走廊直奔客厅，我看到我漂亮的无水鱼缸和石头上鱼儿们无声息的身体时，忍不住倒抽了一口冷气。孩子们都围在水族箱旁，他们流着泪，指责对方的不是。

我查看了四周，发现是我的过错，前一晚我关掉那条氧气管的时候，我把管子的一端放在鱼缸后面，它显然落在玻璃门的凹槽里，然后像吸管一样从鱼缸底部把里面的水都吸光了。

伤心了好一会儿，我们开始为这些初识却又马上必须道别的朋友精心计划一场葬礼。现在我为这个鱼缸和所有的配件感到伤脑筋，因为我们已经不需要它们了。我丈夫非常能体会我的痛苦，他提议用我们的存款再买一些鱼，我喜出望外地拥抱他，向他发誓自己一定会更仔细地照料下一批鱼，我们计划在完成这六个短暂小生命的葬礼之后，当天晚一点再去水族馆一趟。

我们也觉得，从摆满东西的水族箱里取出小鱼尸体的最好方法，就是再把鱼缸装满水，让它们自己浮出水面，再用网子把它们捞起来。我把水管接到厨房的水龙头上，女儿则固定伸入鱼缸里的水管。

突然间她开始叫了起来："妈咪！妈咪！它们还活着！鱼还活着！

这真是个奇迹！"

我跑回客厅里，当水开始注满鱼缸的每一个角落时，我们惊喜地看着每条鱼都开始摆动身子，又活了起来；当水注到一半时，六条鱼全都复活了，快乐地在鱼缸里游动着。莫莉起初侧着身子游，但过了一会儿就恢复正常了。它们在脱离水超过八个小时以后居然还能幸存！它们真是名副其实的奇迹鱼。

接下来的几周，孩子们为了赚买新鱼的钱，把我家的客厅变成了一个展览馆，向附近的孩子收费二十五美分来看这些奇迹鱼，如果付五十美分，来宾们还可以把手放在鱼缸上！

现在我的水族箱里仍存活着几只第一批的鱼，它们是这个奇迹的证明：即使在最恶劣的环境之中，如果你能支撑得够久，那么，最后一定会有人向你伸出援手！

别冲得太快

——事物发展的前途是光明的，道路是迂回曲折的

当新的突破与发明提出，既定的知识被挑战与质疑时，肯定会出现飞短流长的妒忌现象。日本人说得直接："站着的钉子就得挨锤子打。"

达尔文在1838年提出"物竞天择"说。他深信自己的进化论，但也相当清楚物种的嬗变理论与想推翻政府的激进民主分子，有一定程度的关联性，一经发表恐将引发社会动乱。因此他从容不迫地仔细研究，直到发现足够证据。

即使是最有才华的领导人，也要有人追随，才能实践其想法。如果我们带着自己的愿望跑得太快，把其他人远远抛在后面的话，那我们一切的努力将白费。

教练法则：你要走在前面多少才适合，并不容易计算，而且会因状

况不同而有差异。在政界，你得走在前面，向追随者展示你的谅解与同情；公司领导人则只需稍微走在前头一点就行了，他们必须以务实的态度处理公司业务。

那些想揭示未来的人，几乎都犯了跑到最前面的错误，稍微克制一下，别冲得太快了。

唯物辩证法告诉我们，事物的发展都是前进性与曲折性的统一，任何事物的发展都不可能是一帆风顺的，也就是说前途是光明的，道路是曲折的。新的突破与发明就更是如此了，所以，面对飞短流长，就更要从容不迫地仔细研究认真对待，直到证据无以挑剔。

读书与撕书

——矛盾就是对立统一，矛盾的双方在一定的条件相互转换

北大中文系有一位教授，讲课时从不带教案，讲起课来，天马行空，洋洋洒洒。有时候需要引经据典，他能滔滔不绝地引上半个小时，有学生在下面逐字对照，发现一字不错。

于是大家都想，教授一定有很多藏书。

有一天，几个同学去教授家，发现书房里几乎没有书。

他们十分奇怪："你怎么能读那么多的书？你又是怎样把它们牢记于心的呢？"

教授答道："那是因为我读书的方法跟你们不一样。你们读书是藏书，而我读书却是撕书。"

大家更加迷惑了。

教授接着说："藏书的人对书都有一种依赖思想，觉得用的时候随时可以拿出来，正因为如此，就不认真读，读书倒像是给别人做样子。而我正好相反，我知道当我用书的时候，可能那本书并不在身边，或者

由于时间紧迫，我无法及时找到那本书、那一页。所以我每读新的一页时，都把它撕下来，随身带着，反复看，反复悟，直到完全消化吸收之后，我就把它烧掉。我烧掉的只是书的外形，而不是书的精髓，书的精髓已经跟我融为一体。所以藏书不如撕书，藏书是为别人，撕书却是为自己。"

即使在高手如林的北大，这位教授的酷言酷语也令人有石破天惊之感。

常言道："不破不立。"世界上的事物都是处在矛盾之中的，矛盾的双方是既对立有统一的关系，矛盾双方在对立中统一，在统一中对立，并依据一定的条件会向自己相反的方向转化。教授的故事又一次向我们证明了这一哲学道理。

免费午餐

—— 矛盾有主次之分，面对复杂的事物要做到统筹兼顾、适当安排，学会弹钢琴

上世纪90年代我在深圳一公司上班，公司做的是大买卖。但是公司里最主要的问题，不是投资失败，不是管理低效，而是午餐的盒饭。

早晚两餐大家自己解决，谁都没有意见。午餐是公司安排，十块钱的标准，公司出钱，员工出气。

民以食为天。在我工作的那几年，盒饭的改革就不知道改了多少次。换个行政部经理，新官上任三把火，第一把火准烧向盒饭。

深圳是大熔炉，天南地北什么地方的人都有。做盒饭的竞争激烈，也必须做出特色来，也做出了各地风格。比如一开始上粤菜风格的盒饭，本地员工一律喜欢。外地员工喜忧参半。后来上川菜，财务部四川人多，财务部喜欢，审计部的是江浙人，不喜欢。然后再上湖南菜，工程部的喜欢，秘书们喜欢，司机不喜欢。改成江浙菜，老板和几个高层

喜欢，员工不喜欢。后来改成自助式。每天比如来40份盒饭，20份川菜，20份湖南菜，大家自己挑。有的人工作回来迟了，喜欢的川菜风格的盒饭被人拿了。于是很生气，就向行政部提意见。行政部又换了个法子，和楼下的饭店签订了盒饭供应合同。饭店提供了菜谱，大家自己点。这很好，大家自己点。每天变着花样点，好了，大家没有声音了。每天点菜成了枯燥生活中的一个亮点。

好景不长，不久，问题又出来了。饭店毕竟是饭店，有时候来的客人多了。送盒饭就慢了。大家从12点等到12点45分，饭还没有来。那还得了，把这公司给炒了。行政部经理说，那好，炒。

行政部经理足智多谋，机制创新，让两个盒饭公司中午各自送饭过来，大家自己挑选。这不就是引进竞争机制了吗？接下来的局面颇为有趣。两个盒饭老板开始比拼开来。各自都在盒饭的质量上做文章，无鱼肉也可，无鸡鸭也可，青菜豆腐不可少。

后来饭菜质量大家齐平，都是有限的一些花样，总不能给大家送鱼翅燕窝。于是螺丝壳里做道场，两个哥们在其他方面做文章。

一个买盒饭送香蕉，另一个就送苹果。一个买盒饭送苹果，另一个送西瓜。后来一家公司聪明，看公司小姑娘多，连酸奶都送上了。

我们很开心。

两个盒饭老板不干了，说我们这么拼，划不来。生意做不下去了，不干。

行政经理又开始想别的办法，联系了一家楼下小饭店。中午我们一起去吃。这也很好，可以吃河粉、炒面、水面、盒饭……

不久，又有问题出来了。

有人传言说，行政经理拿了回扣了。行政经理气得跳起来。对老板说，还是发钱大家自己去吃吧。

老板说：那还不乱了，有的人出去吃一两个小时，不回来上班，你怎么控制？

其实要担心的反而是几个高层。一般员工都打卡，反而不存在问题。高层打卡豁免，你要是放他们出去吃午饭，那还了得？

不知道后来是怎么解决的。我走了。

现在人在美国，远离丰盛的中华美食，回忆这些往事，有些"白头宫女在，闲坐说玄宗"的味道。

现在没有人给我提供免费午餐了。每天早晨出门前我取两块面包，涂点花生酱，夹块火腿肉。我还每周买一棵大白菜，如同兔子一样，我每天撕一片白菜叶子往面包中间一夹。今天撕一片，明天撕一片，一片一片又一片，落入肚中全不见。就这玩意，我取个袋子一装，就把午餐对付了。

周围每个人的午餐也都是简单得让人吃惊。有的吃一个苹果，有的吃两片火腿肉，有的带上一点麦片一冲，就把问题解决了。

当年在深圳抱怨的人中也有我，现在，我不记得我为午餐抱怨过。我也没有看到周围有任何人抱怨过。这个故事启示我们，面对复杂事情的处理，我们一定要分清主次矛盾，切忌眉毛胡子一把抓；对不同的矛盾特点，要注意采用不同的处理方法，做到具体问题具体分析。

示弱原是极高的智慧

——矛盾双方在一定的条件下相互转化

有人问我，女人如何才能被男人爱上？我说，这个问题很简单——女人要想被男人爱上，必有可爱之处。可爱之处越多，被男人爱上的几率越大，被有档次的男人爱上的几率越大。

这就引出一个话题——女人身上究竟有哪些算得上可爱？其实，也很简单——女人区别于男人的特质，就是女人特有的可爱，比如说，温柔、细腻、脆弱、顺从、有母性。作为一个女人，表面上你可以不温柔、不细腻、不脆弱、不顺从、缺少母性，但是，你骨子里必须温柔、细腻、脆弱、顺从、有母性。假如我反问一句，什么样子的女人不可

爱？想必很多人有答案了——那些动不动就暴跳如雷的女人就不可爱，那些比老爷们还粗糙的女人就不可爱，那些以为自己是天下第一的女人就不可爱，那些对男人指手画脚的女人就不可爱，那些厌恶孩子的女人就不可爱。

可能有些人会有异议，尤其对脆弱和顺从两点。我感觉，这两点对于女人尤为重要。脆弱和顺从，是寻求保护的一种姿态。比如说，一只小老鼠从她脚边溜过，一个女人哇的一声，花容失色地扑到男人怀里，这男人什么表现？肯定一把揽过，很拽地说，怕什么？不是有我吗？那心情，如沐春风啊。等下次遇到一只老虎，即便他手无缚鸡之力，保准也武松一般地冲上去了，说不定还真把老虎灭了。这些力量先由女人施加到男人身上，她自己则跟包租婆一般，等着收获呢。

可惜的是，如今，知道这个道理的人越来越少了。都说中国男人越来越缺少阳刚，我就想说，为什么不去看看那些男人背后都站着些什么女人？是不是有一些颐指气使的女人？是不是有一些自以为是的女人？是不是有一些整天琢磨如何整治男人的女人？你都颐指气使了，你都公主了，你都皇后了，你还指望什么？围在你身边转悠的，又能是哪些男人？除了太监，还是太监。

"文革"时，一个大家闺秀被下放扫大街，在那个疯狂的年代，她却保持着一种异常的沉静。每天清晨，她都把自己梳理得整整齐齐，和过去一样动人。她握着扫把，安安静静地扫着地。有人冲她吐口水，有人大声谩骂，却没人敢打她。甚至，那些人都不敢和她对视。在男人眼中，女人的温柔、脆弱和顺从，其实就是一种力量。

挺简单。把琢磨男人、抱怨男人的时间花在自己身上，梧桐树就枝繁叶茂了，凤凰就不请自来了。

青少年应该知道的哲学知识

被优点打败

——矛盾双方在一定的条件下就会向各自相反的方向转化

有一位美丽的模特，她有一头如绸缎般的长发，在几次大赛上，她利用这头美发演绎中国古典服装，大获成功，夺得了不少金奖。

又一个大赛来了，这次是国际性的大赛，如果能在大赛上取胜，那么她将与模特公司签约，跨入名模行列。

比赛前，她围绕自己的头发和设计师设计了多种时装，进行了上千次的台步训练，她自感完美无缺了。

比赛那天，模特们之间的角逐十分激烈，她的分数一直处于中游。但是她有把握，当她在演绎古典服装时，会得到满堂喝彩的。

比赛进入了自由展示阶段，现场响起了中国丝竹之声，她跨着台步，像云一样飘过舞台。她走到台前的时候，来了一个华丽转身，突然台下传来"轰"的声音。

她没有在意。

她随着音乐的拍子，继续往后走，台下的声音越来越响。她的嘴角露出了笑容，她感觉到自己的这套表演，赢得了观众的心。

她用眼角的余光扫视了一下台边的助理，却见那位女助理面色绯红，一个劲地摆手，似乎十分慌张。她觉得十分奇怪。当她再次转身时，她感觉背上遭到了轻轻一击，随之，那如绸缎般的头发飘洒下来……全场哗然。

她僵立在那里。天哪，她那长发在做造型时，没有用发夹扣紧，在转身时，高高耸立的头发被甩倒，继而发夹弹出，那头发像大楼倒塌一样，轰然倒下。

她什么名次也没有拿到。

这次打击对她是致命的。当时台下坐着的是国内外权威的评委，她

的失误会让他们永远记住她——她是多么不成熟的一个模特。

沉寂了大半年，当她复出时，她那一头长发不见了。头发是她亲手剪掉的。她说，我终于明白了，模特不需要道具，需要的是自然的表演，一个人太钟情于自己的优点，那就危险了，很有可能被自己的优点彻底打倒。

这个故事启示我们，"过犹不及"，矛盾的双方在一定的条件下就会向各自相反的方向转化的。

内心的羁绊

——内因是事物变化发展的根据

一个猎手非常喜欢在冬天打猎。这天，天气异常寒冷，猎手取出他的猎枪，穿戴得严严实实，准备到几十里外的乡下去，如果足够幸运，能够猎捕到一只鹿的话，那么这个冬天就不用发愁了。在他到达乡间野地不久，他就惊喜地发现了鹿留下的痕迹。猎手压抑不住内心强烈的追捕欲望，未做片刻停留，立即跟踪着痕迹，向鹿逃离的方向追去。

不久，在鹿痕的引导下，猎手来到了一条结冰的河流跟前。这是一条相当宽阔的河流，河面完全被冻冰所覆盖。猎手无法判定，冻冰能否承受得住他的体重，虽然冰面上明显地留下了鹿走过的踪迹，但猎手不知道这只鹿是大鹿还是小鹿，尽管冰面能够承受得住一只鹿，但能否承受得了一个人，猎手并没有一点儿把握。最终捕鹿的强烈愿望，使猎手决定，涉险跨过河流。

猎手伏下他的双手和膝盖，开始小心翼翼地在冰面上爬行起来。当他爬行到将近一半的时候，他的想象力开始空前活跃起来。他似乎听到了冰面裂开的声音，他觉得随时都有可能跌落下去。在这个寒风凛冽的冰封日子，在这人迹罕至的荒郊野外，一旦跌入冰下，除了死亡，不会有第二种可能。巨大的恐惧向猎手袭来，鹿已经勾不起他的兴趣，现

青少年应该知道的哲学知识

在，他只想返回去，回到安全的岸边。但他已经爬行的太远了，无论是爬到对岸还是返回去，都危险重重。他的心在惊恐紧张中怦怦地跳动个不停，猎手趴在冰面上瑟瑟发抖，进退两难。

就在此时，猎手听到了一阵可怕的嘈杂声。当他心惊肉跳地向上望过去，他看到，一个农夫驾着一辆满载货物的马车，正悠然地驶过冰面。当农夫看到匍匐在冰面上、满脸惊恐不安的猎手时，农夫一脸的莫明其妙，以为遇到了一个受到惊吓的疯子。

很多时候，我们踌躇不前，并非因为外界的阻挡，而是受到了内心的羁绊。

遗忘的挂钟

——只有善于打破常规，才能有新的发展

房屋拆迁，要搬家。一开始，妻子就提醒我，别忘了墙上那只挂钟。我随口答道："你放心，忘不了！"

因为在附近不远处租了间过渡房，时间还宽裕，就自己凑合着用辆小三轮车每天搬一点儿，接连搬了几天，那天下午终于搬完了，连房门也取走了。屋子里只留下了一堆衣服、鞋子，让拾荒的来捡吧。临走，我特地又满屋三间清查了一遍，确实没落下什么。

傍晚，细心的妻子又去屋子里查看了一遍，自然没遗留下什么，那堆衣服、鞋子都给人捡走了。

晚上吃晚饭，妻习惯性地抬起头向墙上看了一眼，惊慌地说："糟了！挂钟没有拿回来！"

"哎哟，忘了！忘了！"我也急得直拍脑袋。

"去，快去看看！"妻子急得直挥手。

"还看个啥，早没了！"我看窗外已满街灯火，心想，啥时候了，那挂钟还在吗？但还是抱着侥幸的心理，带着只小木凳去老屋看看。

我匆匆赶往老屋。奇怪，在楼梯的拐角处，借助屋外的灯光，我依稀地看到屋内客厅侧面的墙上还赫然挂着那只钟，令我惊喜万分！我站在小木凳上，双手颤巍巍地取下了跟随了我们10多年的精工牌挂钟。

事后仔细想想，当时搬家，只顾低头忙乎，却忘了抬头向上看一看，结果竟然忘了当初还惦记着的墙上的那只挂钟。人们捡走了那些旧衣服和鞋子，却没有拿走墙上的挂钟，也因为缺少向上看一眼的工夫和智慧。

是的，有些美好的东西只在高处，等待着我们去发现，去索取。只可惜、俯视的习惯常常使我们与其失之交臂。

乒乓球的故事

——外因通过内因才能起作用

小小银球台上跳，一来一去真热闹，滴答滴答唱得欢，健身交友都有效。那么乒乓球和乒乓球拍是怎么来的呢？

1869年的一天，美国新泽州的一位名叫约翰·海尔特的染坊老板在搬布时不真慎弄破了手，他随手从棉花堆上揪下一团棉花把伤口包扎了一下继续干活。干完活，他撕掉脏棉花时，发现伤口被一层半透明的薄膜包了起来。他觉得很奇怪，叫弟弟区赛亚过来看。兄弟两人议论了半天没议论出结果来。

"奇怪，这半透明的薄膜是什么呢？"他们想道。出于好奇，俩人决定用实验来进行研究。一次，他们在高温高压下把樟脑加进硝酸纤维里，进行必要的处理后，制出了一种既坚硬又有弹性的东西，取名赛璐珞。1869年，他们在美国建立了世界上第一家塑料厂，生产的赛璐珞大量用来做乒乓球。

最初的乒乓球拍是用网球拍改制的，后来又在木板上粘上一层皮革或软木。1903年乒乓球爱好者古德患感冒到一家药店买药。药店的柜台上铺着一块胶皮。古德付钱后，店主随手将找零的硬币扔给了古德。古德没接住，硬币掉在胶皮上，弹得很高才落下。见此情景，古德来了灵感，他想：在球拍上粘上一块胶皮，不是能加快球的速度吗？于是他向店主买了一小块胶皮，回家粘在球拍上。第二天他用这只世界上第一块粘了胶皮的球拍，击败了所有的对手。从此，一种新型乒乓球拍问世了。

这是两个真实的故事，它告诉我们，周围的许多事物和现象都给我们提供了发明创造的机会。人只要善于观察周围事物和现象，认真研究，随时随地都可能有所发明，有所创造。

开玩笑要把握"度"

——想问题、办事情要坚持适度原则

玩笑尤如一种精神"调节剂"，会使人与人之间产生某种程度的轻松愉快的感情交流，这对紧张的工作、学习、生活无疑是非常有益的，但是其中也有哲理，也就是说开玩笑也要适度。

世界上任何事物的存在和发展都有度，从哲学角度讲，度是一定事物的质和量的范围、界限或关节点，特定的事物只有在一定的度内才能保持质和量的统一，一旦这种统一由于量变达到度的界限就会被破坏，就使事物的性质发生了变化。我们开玩笑也是如此，在我们的生活中经常有这样的现象，有的人在开玩笑中夹杂着贬损，甚至口吐恶语攻击对方，并伴之采取一些激烈的动作。这样的"玩笑"不仅没有使对方在情绪上"轻松愉快"，反而使对方羞恼、激愤。如果遇到的是涵养好的人，反驳几句也就过去了。若是遇到性格火爆，从不吃亏的人，则会带来冲突，甚至拳脚相加，大打出手，其结果只能是伤了感情，没了面子，至头破血流，结为冤家。这时开玩笑的人可能会说："你这个人连玩笑都开不得？"并且满有理由地把责任全推给对方。象这样类似的情形，可以说是时有发生。如何看待这种玩笑呢？如果我们排除开这种玩

笑的人一开始就怀有恶意的话，那么我们可以说这种玩笑是不"适度"的结果，使"玩笑"转变成了"战争"。

我们用哲学的眼光审视和分析一下，就会看到开玩笑也是有哲理的。开玩笑是有一定的限度的。要保持开玩笑的性质不发生变化，无论在情绪、语言，还是在动作上都要适度，否则就会以开玩笑开始，以"战争"告终，使开玩笑走向反面，这说明了"玩笑"是有度的，如果我们不注意在开玩笑中掌握度，就会象我们平时说的"过火了"。当然我们在日常生活中不会事事处处都象哲学家那样，做出充分的哲学思考。但是，懂得起码的生活哲理无疑是十分有益的。无论谁，要是在开玩笑的问题上注意自己的修养，掌握好度，一定会从中享受到无限的乐趣。它不仅使你情绪畅快轻松，而且会使你和朋友之间的友谊更富有活力。

最大的敌人

——事物的变化发展是内外因共同起作用的结果

有这样一个试验：

一个长跑运动员参加一个5人小组的比赛，赛前教练对他说，据我了解，其他4个人实力并不如你。结果，这个运动员轻松地跑了个第一名。后来，教练又让他参加了另外一个10人小组的比赛，教练把其他人平时的成绩拿给他看，他发现别人的成绩并不如自己，他又轻松跑了个第一名。再后来，这个运动员又参加了20人小组的比赛，教练说，你只要战胜其中的一个人，你就会胜利。结果，比赛中，他紧跟着教练说的那个运动员，并在最后冲刺时，又取得了第一名。

后来重换一个地方。赛前，关于其他运动员的情况，教练并没和他沟通过。在5人小组的比赛中，他勉强拿了一个第一名；后来在10人小组的比赛中，他滑到了第2名；20人小组的比赛中，他仅仅拿了一个第

5名。

而实际的情况是，这次各个组的其他参赛运动员与第一次的水平完全相同。

这不由得使我想起自己上学的生活中，不会永远有人告诉我们，竞争对手的实力和能力。于是面对着周围越来越多的人，我们开始茫然不知所措，或者妄自菲薄，主动地把自己"安排"到一个较低的位置上。这也许是前进的路上许多人要走的一条路。

一个著名的企业家曾经说过，一个优秀的人才，他的自信力恒久不衰。是啊，一个人如果对自己缺乏自信力，不论有多大的才能，也不会淋漓尽致地施展出来。即便自己曾经是一块金子，缺乏自信心，也会让自己黯然褪色为一块铁，甚至甘心堕落为一粒沙子，长久地淹没在沙土里，不被外人发现。

我们原本是优秀的。只不过，是我们缺乏自信力的内心，一步一步把我们从优秀的高地上拉下来，一直拉到了平庸的位置上。平庸，是人生的一场灾难，也是人生的悲剧。只是更多的时候，是我们自己，为自己导演了这场灾难和悲剧，我们自己才是最大的敌人。事物的变化发展是内外因共同起作用的结果，内因是根据，外因是条件，外因通过内因才起作用。

自然界喜欢矛盾

——一切事物都是由矛盾构成的，矛盾具有普遍性

矛盾是普遍存在的，无矛盾的事物是没有的。任何事物的存在都是以矛盾为根本内容的，发展是矛盾推动的结果。用哲学的观念来看，任何事物都可用矛盾范畴来理解。正是基于这种理解，伟大的科学家爱因斯坦说："自然界喜欢矛盾。"那么事实怎样呢？下面我们就具体地看一看"光"是什么？

17世纪末，牛顿提出了光的"微粒说"，认为光是由微粒状的物质组成的。不久，惠更斯提出了光的"波动说"，认为光是一种波。由于当时牛顿在科学界享有极高的威望，因此"微粒说"便被人们视为不可侵犯和不可更改的"真理"。19世纪初，"波动说"又被人重新提出，并用实验证明了，这就有力地否定了牛顿的"微粒说"。当时，人们确信光是波，除了波，别的什么都不是。19世纪末，光电效应等一系列的实验向"波动说"提出了新的挑战。但由于光波说已牢固地束缚了人们的思想，致使许多科学家在新的实验结果面前踌躇不前。而爱因斯坦却以一个"叛逆者"的大无畏的姿态，尊重新的实验事实，敢于冲破禁区，创立了光的量子学说。这个学说认为，光既是粒子，具有粒子性；又是波，具有波动性。用科学事实证明了光具有波粒双重性质或波粒二象性。

爱因斯坦的学说一发表，立即在科学界引起了巨大的反响，人们议论纷纷。有一天，爱因斯坦的朋友别索问他："光究竟是什么呢？是波还是微粒？要知道，两者不能并存！不是这个，就是那个。"

爱因斯坦听完朋友的话，激动地说："不是这个，就是那个？为什么不可以既是这个，又是那个呢？光既是波，又是微粒，是连续的，又是不连续的。自然界喜欢矛盾。"事实证明，爱因斯坦的话是正确的。正是由于爱因斯坦用矛盾的眼光观察事物，做出了大胆的科学假设，才突破了前人的传统观念。他提出的光量子论终于得到了公认，并获得1922年的诺贝尔奖。

自然界为什么喜欢矛盾呢？其实，自然界的一切事物都是由矛盾构成的，事物之间的关系以及事物内部诸要素或成分之间的关系，都是矛盾关系，这是普遍存在的。而且一切事物内部都包含着自己的对立面，对立面之间又都是统一的。无矛盾的世界是不存在的。何止自然界喜欢矛盾，大千世界包括社会和人类思维在内，都是以矛盾为根本内容，以矛盾的运动为发展动力的，只不过具体的表现形态或形式不同罢了。

歧路之羊

——解决复杂问题要注意先抓主要矛盾

战国时期，有位著名的思想家叫杨朱。有一天，他的邻居跑丢了一只羊，于是全家出动寻找，又来请杨朱的奴仆帮助寻找。杨朱问道："仅仅丢了一只羊，为什么需要这么多人去找？"邻居说："村外的岔路太多了，所以人去少了不行。"于是，杨朱就让奴仆和邻居一起去找羊。

过了半天，找羊的人陆续都回来了。杨朱问邻居："羊找到了吧"邻居垂头丧气地说："跑丢了，没有找到。"杨朱又问："怎么会找不到呢？"。邻居答道："岔路太多了，岔路之中又有岔路，谁知道羊跑到哪里去了？所以找不到了。""原来是这样。"杨朱沉思了好久，半天没有笑容。他的学生见他这样，感到非常奇怪，不解地问："丢了一只羊，并不是一件大事，况且又不是老师的，你为什么这样闷闷不乐呢？"杨朱回答说："我并不是为了一只羊，而是由这件事联想到我们学习和研究学问的事。如果你们在学习方面，东抓一把，西抓一把，不能专心致志，也会像在岔道上找羊一样，结果一无所获。"

在这里杨朱阐述了一个非常深刻的哲学原理，也就是说，在我们做任何一件工作中都要注意抓主要矛盾。在事物发展过程中，矛盾的存在是普遍的，在同一个事物之中也存在着众多的矛盾，在复杂的矛盾群体中，各种矛盾力量的发展是不平衡的，在事物的发展中所处的地位和所起的作用是不同的。其中，在事物发展过程中处于主导地位，起决定作用的矛盾是主要矛盾；主要矛盾决定着事物的性质及发展方向。这一矛盾的存在和发展，决定和影响着其它矛盾的存在和发展。与此相反，其它的、处于次要地位的矛盾则是非主要矛盾，非主要矛盾对事物的发展不起决定性作用，但是，它也会反过来影响主要矛盾的发展和解决。

由于事物发展过程中各种矛盾力量的关系处在不断的变化中，主要矛盾和非主要矛盾的区分不是凝固的、僵死的，在一定条件下，它们的

123

地位会发生转化。这就是主要矛盾和次要矛盾的关系以及在事物发展过程中的作用。主要矛盾决定着事物的存在和发展。因此，我们在工作中就一定要注意抓住主要矛盾；而次要矛盾又影响着主要矛盾的解决，所以在把侧重点放在解决主要矛盾的同时，还要兼顾次要矛盾的解决。不论是在学习上，还在工作上都是如此。

在歧路之羊的典故中，有那么多的岔，如果不分主次，平均分配人力，结果只能徒劳而返。如果分析一下各条路的情况，看看羊最可能从哪条路上跑，有重点地去找，找回来的可能性就大得多了。

失街亭

——矛盾具有特殊性，在实际工作中要坚持具体问题具体分析

《三国演义》中有一段故事。诸葛亮与马谡交往甚厚。马谡自幼熟读兵书战策，对《孙子兵法》倒背如流。因此，诸葛亮平时经常与马谡商讨军务，非常佩服马谡的才学。但是刘备对此却大不以为然，曾对诸葛亮表示马谡言过其实，不能重用。

马谡一直做诸葛亮的参军，在诸葛亮一出祁山兴师北伐时，司马懿引兵出关迎敌，诸葛亮命令马谡督率重兵，驻守街亭以阻止魏军。兵马到了街亭，他既不按诸葛亮的意图行事，也不听副将王平的劝告，刚愎自用，没有把营盘扎在进可以攻、退可以守的路边，却机械地搬用《孙子兵法》上"置于死地而后生"的条文，把营盘扎到远离水源的山顶上。于是魏兵蜂拥而至，断绝水源，果然置蜀军于死地。只不过蜀军却没有后生，军心动摇，无心恋战，被魏军杀得大败。马谡因此被军法处置。诸葛亮自己也深感用人不当，唱了一出空城计之后，自降三级。

这就是历史上著名的"诸葛亮挥泪斩马谡"的故事。马谡自幼熟读兵书，颇知兵法，连诸葛亮都敬他三分。为什么连个小小的街亭都没有

守住呢？在这里他违反了唯物辩证法的一条最基本原则，即具体问题具体分析。

在我们分析和解决问题的时候，其实都是在分析和解决事物的矛盾。经常从事某一项工作，或反复解决同一事物矛盾，久而久之就产生一定的经验。把这种经验总结提炼成理论，就成为对实践具有指导性作用的一般性。这一般性原则对于自己及他人今后的实践，都有重要的方法意义。

但是，这个一般原则并不是灵丹妙药，能包医百病。因为客观情况是非常复杂的，每一事物的矛盾及矛盾的每一个侧面各自具有不同的特点，所以还要具体问题具体分析，在一般原则指导下，根据实际情况决定工作方针。

在战争中，将兵士们置于死地而后生，确是一条重要的经验。想当初楚霸王过河击秦军就破釜沉舟，表示了必胜的决心，上下同仇敌忾，结果人人以一当十，打了大胜仗。但是，是不是我们就一定要在所有战争中都使用这个方法，在任何战争中都能由此得到最佳的效果呢？不是的。楚霸王反秦在当时符合了历史潮流，是人心所向，而且当时除了战胜秦军外别无它路，秦军势大，其它义军都不敢轻易动手。在这种情况下，置军士于死地反而后生，打了大胜仗。相反，魏蜀军阀混战，百姓并不支持战争，并且蜀军明明有好的地势而不去利用，自己置自己于死地，士兵的积极性不仅没有调动起来，反而更加涣散，结果就只能是大败无疑了。

"X光"的益与害

——矛盾是普遍存在的，任何事物都具有矛盾的两
个方面，我们要学会趋利避害

任何事物都具有矛盾的两方面，"X光"也不例外，它的"益"和"害"就是如此，这一点已被科学事实所证明。

1895年，德国的物理学家伦琴发现了x射线。由于这种射线具有不

少奇妙的性质,因此,不少人都对它感兴趣。有一位医生叫哈勒爱德华,他就设法把它应用到了医学方面,把它变成了向病魔作斗争的武器。有一次,一位病人向他求医,他用x射线照射病人的患处,果然,没多久,病人就痊愈了。

就这样,他用x射线治好了不少人的病。可是,到了1897年,他突然发现自己的一只好好的手臂上出现了一块溃疡。起初,他并没有在意,以为上点药就会好了。不料,没过多久,那块溃疡不仅没被治好,手臂上反而接二连三地又增加了几处溃疡。这下子他着急了,于是用各种方法加以治疗,但无论怎样治,溃疡却点也不见好。后来,溃疡面愈来愈大,甚至威胁到了他的生命。最后,在无法可医的情况下,他只好把有病的手臂截去了。

难道是x射线在捣鬼吗?这件事给当时热心于x射线研究的人们敲响了警钟。通过研究,人们终于认识到,x射线不仅会破坏有病的细胞,从而消除疾病,对人类有益处,而且能把健康的细胞也杀死,使人患病,给人类带来危害。所以,自此以后,凡是和x射线经常接触的人,都用铅板挡住不可见的x射线,不让它照到自己身上,从而达到趋利避害的目的。可见,x射线对人类来说也是矛盾的统一体,其本身也含着"益"和"害"矛盾的两个方面,两者是相互依存的,并且在一定的条件下发生转化。当照射x射线过了量,就会从"益"转变为"害",从治病转变为引发疾病。这就是一事物所具有的两重性。

其实,世界上的一切事物都同X光一样,无不具有两重性。这是因为一事物在同另一事物发生联系的过程中,总是依据一定的条件,表现为不同的性质。例如:当今风靡的"游戏机",其自身就具有"益"和"害"双重性,在一定条件便会表现出来。它一方面以多变的方式,鲜明的色彩,使人取乐其中;另一方面它那多变的图像,刺激人的游戏情节,又会引起人脑和眼睛的疲劳,以至影响人的健康。我们懂得了这一哲理,在做任何事情的时候,都要像对待x射线那样,注意兴利除弊。

城门失火，殃及池鱼

——事物的联系是客观的、普遍的，又是具体的，有条件的

有这样一个寓言故事：从前有一个地方，城门下有个池塘，鱼儿在池塘里自由自在地生活着。有一天，忽然城门上起了大火。一条鱼儿见了大叫道："不好了，城门着火了，我们赶快逃跑吧！"但是，其他鱼儿不以为然，认为城门失火，离它们居住的池塘很远，用不着大惊小怪，更没有必要逃跑。结果，除了那条逃跑的鱼外，别的鱼都遭了殃。原来，城门失火后，人们从四面八方赶来救火。大家从池塘里取水往城门上泼，不会儿，城门上的火熄灭了。但池塘里的水却被淘干，结果没有逃走的鱼全都遭了殃。

这个寓言故事虽然很简单，但却告诉了我们这样一个道理：城门与旁边的水池在一定条件下是有联系的，城门失了火，这就是条件；由于失了火，池塘里的水能灭城门的火，这就使它们建立了直接联系；鱼儿与城门也是如此。人取水救火，从而使鱼儿与城门建立了联系。逃走了的那条鱼明白这一道理，保全了性命，没逃走的鱼儿不明白这一道理，遭了殃。

其实，在客观世界中，任何事物都是在一定条件下互相联系着的，具体事物的存在和发展无一不是如同火——水——鱼的联系一样，在一定的条件下是相互制约和相互作用。当然，客观世界的联系要复杂得多，有外部联系与内部联系、本质联系与非本质联系、主要联系与次要联系、必然联系与偶然联系等等，这些都是我们观察和处理客观事物联系时要加以区别的。这些联系是不依我们的意志为转移的客观存在。我们必须正确地认识它，从而创造一定的条件使之有利于人类，而不能主观任意地否定它，否则就会遭殃。

鸟鸣山更幽

——认识事物需要在对立中把握统一

　　"蝉噪林逾静，鸟鸣山更幽。"这一脍炙人口的绝妙诗句是南朝的一个官职卑微、但却颇具诗文才华的小县令王籍在他的《入若耶溪》中写的。

　　一般地说动和静是对立的，但这一诗句却把两者巧妙地结合在了一起，统一起来了。"蝉噪"和"鸟鸣"都是形容"动"的，然而这种"声"动却增强了"静"的效果。寓静于动，动中显静，动态的字眼烘托了恬静的意境，这表现了作者独具匠心的创作才华。正是因此，诗词评论家都称王籍的这两句诗为"文外独绝"。其妙笔就在于作者把本来相反的东西和谐地统一在同一画面中，以"动"来衬托"静"，并寓"相反相成"的哲理于诗情画意之中，得到了互相辉映，相得益彰的美的效果。这也是唯物辩证法关于矛盾对立统一观点在艺术表现方法上的一种体现，使形象思维和抽象思维这两种迥然不同的表现形式，在创作理论中统一起来了。

　　如果不按上述的艺术表现方法去做，结果会怎样呢？下面我们就看一看北宋王安石的"改诗"。他对"鸟鸣山更幽"这个绝唱佳句也很欣赏，但总觉得不够味儿。大家知道，王荆公不仅是一个大改革家，而且也颇通诗文。在"春风又绿江南岸"的诗句中，经反复推敲最后改定为"绿"字而使人叹为观止。于是，他在自己写的《钟山绝句》中借鉴了王籍的笔法，将"鸟鸣山更幽"改写为"一鸟不鸣山更幽"。他自己颇为得意，并将诗句展示给来访挚友诗人黄庭坚鉴赏。

　　不料，黄庭坚过目后却大笑不止，说："此乃点金成铁也。"也就是说，"鸟鸣山更幽"本如闪闪发光的金子，硬把它改成"一鸟不鸣山更幽"就变成了失去光彩的铁块了。显然，王安石是弄巧成拙，落下"点金成铁"的笑柄。"鸟鸣山更幽"的妙处在于从对立中把握统一，使"鸣"与"幽"相互烘托，使之相反相成。而经王安石改，矛盾顿消，索然乏味，诗的意境与王籍的佳句相比就大为逊色了。这样一对，我们可以看到，不同的抽象思维方法会对艺术的形象思维产生不同的、甚至截然相反的效果。这说明创作理论和哲学理论是息息相通的。艺术创作中蕴含着对大自然景象的辩证的思考，使艺术创作的形象思维进入到一种"美"的意境，从而创作出好的作品。形而上学的思考，使艺术创作的形象思维只注重对象的"单一"方面，只局限在无矛盾的意境里，结果其作品只能是索然乏味。

这就是存在于艺术创作中的哲理，它说明唯物辩证的思维是十分重要的。千姿百态、生机勃勃的事物，需要我们用辩证思维的方法指导，从而在形象思维中实现美的意境。我们做事情也是如此，只有注意客观事物的矛盾关系，在对立中把握统一，才能把事情做好。

噪音与健康关系中的哲理

——事物的联系是普遍的，要正确认识和利用联系
为人类造福

在我们的都市生活环境中，有的声音给生活绘画出丰富的色彩，音乐优美的旋律使人轻松愉快。但也有的声音令人心烦意乱，有害健康，那就是噪声。人造就了噪音，噪音又作用于人，制约和影响人的健康，而后人又力图消除噪音。这就是寓于"噪音"与"健康"关系中的辩证哲理。

随着现代工业、交通和建设的发展，城市环境噪音已成为公害，它正侵入城市生活的每一个角落，特别是一些大城市，情况更为严重。市区噪音的主要来源是交通噪音，尤其是早上和傍晚，人们上、下班的交通高峰时间。仅北京，交通噪音最高值平均即可达86分贝，喇叭声可达90分贝。这严重侵害了人的健康。声音的强弱和高低是由声强与频率构

成的。声波加于物体上的压力称为声强，声强的计量单位是"分贝"。如手表的声音大致是20分贝；轻声耳语约为30分贝，45分贝以上的声音就可以将醉睡的人吵醒；电话铃声约60分贝；无轨电车、公共汽车约70分贝；收音机、电视机的中度声响约80分贝；行驶中的手扶拖拉机、载重汽车声约90～95分贝；某些纺织厂车间的噪音能达110分贝；风铲、风铆、大型鼓风机则能达130分贝以上。描述单位时间内发声物体的振动次数量称为频率，其单位是赫兹，如1秒钟振动一次为1赫兹，人类正常的听觉所能感受的频率是16-20000赫兹的声音，在此幅度范围内，频率愈高，听到的声调就愈高。低于16赫兹或高于20000赫兹的声音，人耳都听不到。噪音按其频率的大小可分为三个频段：低频是300赫兹以下；中频300～800赫兹；高频800赫兹以上。

经现代医学临床及动物实验观察证明：在无防护条件，达到一定强度与频率的噪音不仅对听觉器官有损伤，同时对神经系统、心血管等其他系统也有不良影响。最常见的是对听觉的损害。在噪音的最初作用下，两耳嗡嗡作响，听觉敏感性下降。但到一定的限度，经强烈噪音持续作用，听力减弱，其敏感性可下降10～50分贝。如果长期在90分贝以上的噪音环境下工作和生活，就会引起噪音性耳聋。受120分贝以上噪音的刺激，会使人耳膜疼痛，140分贝以上噪音则可能使耳膜穿孔，一次致聋。噪音对神经系统也是一种不良刺激。90分贝以上的噪音长时间作用于人后；可引起头晕、头痛、耳鸣、失眠、乏力等神经衰弱症状。总之噪音对人类的作用危害极大。这就给人们提出了同噪音作斗争，防止噪声污染的要求，我国就采取了些积极的措施去制约噪音。

这说明，人与噪音也是相互联系的，人的健康状况与噪音这一环境是相互制约和相互作用的。认识了这一哲理，就能使人类更积极地消除噪声污染，创造更好的生存环境。

凿壁偷光

——内因是事物变化发展的根据，外因是事物变化发展的条件，外因通过内因而起作用

西汉时候，有个十分好学的青年叫匡衡，但因家境贫寒无钱点灯，一到夜晚他家屋内一片漆黑，没法读书。怎么办呢？一天晚上，他见隔壁人家点着蜡烛，就在墙壁上悄悄地凿了一个小孔，让微微透过洞口的烛光映在书上，就这样，他每天晚上都借邻居的灯光读书，直到邻居熄灯为止。

匡衡就是这样在学习条件很差的客观环境中，千方百计克服困难，创造条件，学到了知识，后来成为西汉有名的学者。这说明，外界环境和条件，是人们学习的重要因素，但不是决定因素，一个人要取得成绩，关键在于自己的刻苦努力。

唯物辩证法认为，一切事物的内部都包含着矛盾，事物的发展主要是由于自己内部的矛盾的运动。也就是说，事物发展的根本原因不在事物外部，而在事物的内部。内因是事物变化发展的根据，是第一位的原因。当然，由于世界上的任何事物都不会孤立地存在，都和别的事物发生联系，因此，外部原因对事物的发展也是不可缺少的条件，外因通过内因而起作用。

总之，一个人能否在各方面不断进步，主要决定于内因，即主要靠自我的严格要求与刻苦努力；当然也不能没有外因的作用。只有把主观努力和外部条件结合起来，才能在各方面取得成绩。

在现实生活中，有些人或部门进步不大，或者出现了某种失误，总是怨天尤人，强调客观原因，抱怨环境不好等，而看不到或者掩饰了自身存在的原因，这是不对的。这种过分强调外因的情况，往往会影响人们发挥主观能动性，妨碍学业的进步和事业的发展。

泰姬陵的保护神

——联系是普遍的、客观的，但是人们可以根据事物的固有联系改变事物的状态，建立新的具体联系，使事情趋向成功

泰姬陵，是莫卧儿王朝第五代皇帝沙贾汗为自己的爱妃泰姬建造的，它矗立在印度朱目拿河南岸广阔的阿格拉平原上。

泰姬美丽非凡，在一次远行中，随沙贾汗远征，因奔波劳顿难产而死。沙贾汗出征归来，为她建造了漂亮的寝陵，以寄托哀思。这座寝陵中间是圆形大理石墓室，两旁是风格优美的清真寺，寺中有黄金圆柱，白银大门，园内栽有奇花异草，典雅端庄，被人们称为印度的明珠。随着印度工业化的发展，泰姬陵受到了酸雨的袭击，白色的大理石泛起了黄色，光洁的墓室生出了小孔，银制大门一片乌黑，草木也渐渐凋零，失去了迷人的光彩。印度政府决心采取措施保护这颗明珠，几位生态学家提出，桑树不怕酸雨，而且还吸收二氧化硫，是一种抗污染的树种，有较强的清除污染的能力，建议在泰姬陵周围栽种桑树，印度政府采纳了这个方案，因为栽种桑树最方便最节约也最美丽。化工厂方向吹来的污染空气，被桑树挡在外面，经过层层过滤，进入陵区的空气已经大大地被净化了。泰姬陵得到了有效的保护。

事物之间以及事物内部各要素之间的相互影响相互制约的关系就是联系，任何事物都与周围其它事物相互联系着，整个世界是一个相互联系的统一整体。联系是普遍的、客观的，不以人们的意志为转移的，但是人们可以根据事物的固有联系改变事物的状态，建立新的具体联系，使事情趋向成功。

在战火中涅槃的考文垂市

——整体处于统帅的决定地位，局部应该服从整体

1940年11月12日，希特勒向德国空军发出了对英国城市考文垂市实施大规模轰炸的作战命令，代号叫"月光奏鸣曲"。

就在德国空军接到作战指示的同时，英国的超级密码机也破译了德军要空袭考文垂市大教堂及工业区，以及空袭时间用的战术、飞行航线的情报。丘吉尔得到这一情报后，立即召集有关人员讨论对策，在权衡利弊得失后，决定不对考文垂市发出预告，甚至包括老弱病残人员，也不做事先撤离疏散的工作。丘吉尔之所以这样做，是为了保住超级密码机。因为，如果英国政府马上对考文垂市采取特殊的防御措施，希特勒就会怀疑其密码可能已被破译，这样，德军不仅会改变行动计划，而且还会更新密码系统。1940年11月14日晚7时05分，考文垂市遭到了德军长达10小时的狂轰滥炸。然而，英国拥有破译德国密码的超级密码机的秘密保住了。此后，超级密码机在破译德军情报方面，发挥了重要作用，从而使英军在英伦三岛保卫战中，抵御了德军的强大攻势，还大大减少了人员伤亡和财产的损失。

整体和部分（系统和要素）的关系中，整体处于统帅的决定地位，因此，我们在一切活动中应该从整体着眼，寻求最优目标，把整体利益放在第一位，在局部利益和整体利益不尽一致，甚至出现矛盾的时候，必须做到局部服从全局，甚至不惜牺牲局部利益来保证全局利益。

只贷一美元的犹太富豪

——想问题办事情要从整体着眼，寻求最优的目标

一位犹太富豪走进一家银行，来到贷款部，只填了一美元的贷款

凭证，贷款部的经理看着穿着豪华的顾客惊愕地张大了嘴巴。犹太人从皮箱里取出一大堆股票、国债、债券等放在经理的办公桌上问："这些做担保可以吗？"经理清点了一下说："先生，总共50万美元，做担保足够了，不过，您真的只借1美元吗？""是的，我只需要1美元。"犹太人说着办理完手续，准备离去。一直在一边冷眼旁观的银行行长跑过来，问："先生，我是这家银行的行长，我实在弄不明白，您拥有50万美元的家当，为什么只借一美元呢？"犹太人答道："我到这里来，是想办一件事情，可是随身携带的这些票券很碍事，我问过几家金库，想租一个保险箱，租金都很昂贵，我知道贵行的保护很好，就将这些东西以担保的形式寄存在贵行了，况且利息很便宜，存一年才不过6美分。"行长听罢如梦大醒。

看完这个故事我们没法不为犹太人的聪明叫好，他看到了"一元贷款"和"五十万家当"的关系，恰当地处理好了这个局部与整体之间的关系。这也启示我们想问题办事情要从整体着眼，寻求最优的目标。

伤痕累累的大船

——事物的发展是前进性与曲折性的统一

英国劳埃德保险公司曾从拍卖市场上买下一艘船。这艘船1894年下水，在大西洋上曾138次遭遇过冰山，116次触礁，13次起火，207次被风暴扭断桅杆，然而它从来没有沉没过。劳埃德保险公司基于它不可思议的经历以及在保费方面带来的可观收益，最后决定把它从荷兰买回来捐献给国家。现在这艘船就停泊在英国萨伦港的国家船舶博物馆里。

不过，使这艘船名扬天下的却是一名来此观光的律师。当时，他刚刚打输了一场官司，委托人也于不久前自杀了。尽管这不是他的第一次失败辩护，也不是他遇到的第一例自杀事件，然而，每当遇到这样的事情，他总有一种负罪感。他不知道怎样安慰这些在生意场上遭受了不幸的人。当他在萨伦博物馆看到这艘船时，忽然有一种想法，为什么不让他们来参观这艘船呢？于是，他就把这艘船的历史抄下来和这艘船的照片一起挂在他的律师事务所里，每当商界的委托人请他辩护，无论输赢，他都建议他们去看看这艘船。

事物发展的方向是前进的、上升的，前进的道路则是曲折的、迂回的。这也正是这位律师"无论输赢，他都建议他们去看看这艘船"的原因。这个伤痕累累的大船让人们懂得：既要看到一切新事物的前途是光明的，要对未来充满信心，又要做好充分的思想准备，勇敢地接受挫折与考验，在曲折的道路上不断前进。

变废为宝

——事物的变化发展是量变和质变的统一

美国当代石油大王哈默从60年代开始，就热衷于石油开发事业。当时有一家叫德士的石油公司，在旧金山以东的河谷里寻找天然气，钻井到5600英尺时，仍然不见天然气。公司决策者认为耗资太多，再钻下去可能徒劳无功，便鸣金收兵，宣判此井"死刑"。哈默知道这一消息后，立即派专家进行考察，在原井上架起钻机，又钻进3000英尺，天然气喷涌而出。后来，他又听说举世闻名的埃索石油公司和壳牌石油公司，在非洲的利比亚由于探油未成扔下不少废井，便果断地带领大队人马开往该地，在被判了"死刑"的油井上又架起了钻机，继续深钻，很快就打出九口高产自喷油井。

任何事物的发展都必须首先从量变开始，没有一定程度的量变的积累，就不可能有事物性质的变化；事物的量变只有达到一定程度时，才会引起质变。石油大王哈默，能够在别人废弃的油井上钻出石油，充分体现出了量变和质变的辩证关系。

以愚困智妙计

> ——矛盾的双方既互相排斥又互相斗争，在一定条件下互相依存，并依据一定的条件各向自己相反的方向转化

北宋初年，南唐派使者前来纳贡，所派使者是江南名士徐铉，此人以学识渊博、见多识广、能言善辩闻名于北宋朝廷，宋朝照例要派官员做押运使，去接受贡品，满朝文武怕自己学识不及徐铉而丢面子，没有人敢做押运使，宰相也不知道究竟选谁最好。宋太祖让殿前司选出10位不识字的殿中使者的名字，随手在名单上圈了一个人的名字，满朝文武见此大吃一惊，连宰相也不解其中的奥妙，只能遵旨催促那个被点中的使者赶快动身。在船上，徐铉滔滔不绝地谈古道今词锋犀利，周围的人对他惊奇不已。而那位使者根本听不懂徐铉的高谈阔论，只能一个劲儿点头称是。徐铉不了解使者学问的深浅，心想不能在宋人面前丢脸，越发说个不停。一连几天，徐铉说得口干舌燥，疲惫不堪，把肚子里的墨水都倒干净了。那位使者还是没有与他辩论，徐铉自觉没趣，就不再吭声了。

事物自身包含的既对立又统一的关系叫做矛盾。矛盾的双方既互相排斥又互相斗争，在一定条件下互相依存，并依据一定的条件各向自己相反的方向转化。宋太祖正确地处理了"愚"和"智"这一矛盾关系，置南唐使者徐铉于英雄无用武之地，从而在外交上取得了胜利。

"九道门"的追求

> ——矛盾无处不在，无时不有

一个男人来到一家婚姻介绍所，进了大门之后，迎面又见两扇小门。一扇门上写着：美丽的；另一扇门上写着：不美丽的。男人推开了"美丽"的门。迎面又是两扇门。一扇写着：年轻的；另一扇写着：不太年轻的。男人推开了"年轻"的门。迎面又是两扇门。一扇写着：善良温柔的；另一扇写着：不太善良温柔的。男人推开了"善良温柔"的门。迎面又是两扇门。一扇写着：有钱的；另一扇写着：不太有钱的。男人推开了"有钱"的门。——就这样一路走下去，男人推开过美丽的、年轻的、善良温柔的、有钱的、忠诚的、勤劳的、文化程度高的、身体健康的、有幽默感的等九道门。当他推开最后一道门时，门上写着一行字；你追求的过于完美了，这时已经没有再完美的了，请你到大街上去找吧。原来，他已经走到了婚姻介绍所的后门。

矛盾是普遍存在的，世界上的事物都是处在普遍矛盾之中，矛盾无处不在，无时不有。正如俗语所讲的"金无足赤，人无完人"。这位男人的失败就在于不懂得矛盾普遍存在的道理，落得如此下场也是必然的。

林肯的用人之道
——任何事物都包含既对立又统一的两个方面

美国南北战争初期，林肯总统先是选拔没有缺点的人任北军统帅，这些修养甚好，几乎没有任何缺点的统帅，也没有才华，一个个被南军的将领打败，连华盛顿都差点丢掉。林肯受到了极大的震动，他分析了对方的将领，从杰克逊起，几乎个个都有明显的缺点，同时又都有个人特长。他得出了如下的结论——"李将军能善用其手下的长处，打败了自己任命的看起来没有任何缺点，同时也不具有什么特长的北军将领。"林肯毅然任命了酒鬼格兰特为北军将领，当时舆论大哗，人们说"昏君"用"庸才"，北军完了。好多人晋见林肯，说格兰特好酒贪杯，难当大任。林肯不为所动坚持任用格兰特。事实证明，正是由于对格兰特的任命，成了美国南北战争中北军取胜的转折点。

由上述事例可以看出，任何事物都包含既对立又统一的两个方面，即任何事物都有两点，而不是一点，要如实地反映事物的本来面目，就必须坚持一分为二的矛盾分析法，对矛盾作全面的分析。既要看到事物的这一面，又要看到事物的那一面，即坚持两分法，两点论，全面地看问题，只有这样才能办好事情。

自报其短

—— 矛盾是客观的，也是普遍存在的，要正确对待矛盾

美国的亨利.J.霍金士是国际知名的企业家，他在经营食品初期，美国的"食品纯正法"还没有制定，有不少食品业人员在食品中乱加一些东西，危害着人们的健康，霍金士一开始就反对这样做，他说："供应消费者优良的食品是我们的天职，不能一味在价格上做文章，在原料上做手脚。"他坚持做到：凡是要在食品中加入任何东西，必须经过专家实验，证明对人体无害后，才能生产。经过实验，霍金士看到防腐剂对人体有害后，不顾众人的反对决定将实验报告公布于众。他的举动在食品业引起轩然大波，同行们联合起来，在业务上排挤霍士金，想把他彻底打垮。这给亨利公司带来了很大的困难！产品销量大减，市场份额几乎被别的公司强占完了。1906年，美国政府制定了"纯正食品法"，使美国食品在国际上声誉鹊起，霍金士在过去三四年的磨难中，非但没有被挤垮，反而获得了全胜，他的食品也由此迎来了大发展的黄金时代。

唯物辩证法认为：矛盾存在于一切事物中并且贯穿于事物发展过程的始终，即矛盾无处不在，无时不有。矛盾是客观的，也是普遍存在的。因此，我们在任何时候，对任何事物，都要承认矛盾、分析矛盾，勇于揭露矛盾，积极寻找正确的方法解决矛盾，这是正确对待矛盾的前提。霍金士自报其短，不仅仅是出于经商的考虑，更重要的是出于对社

青少年应该知道的哲学知识

会大众的责任，是值得我们学习的。

哥伦比亚公司的策略
——在实际工作中要学会具体问题具体分析

　　1957年夏天，前苏联中央总书记赫鲁晓夫访问美国。哥伦比亚广播公司特别邀请赫鲁晓夫到该公司的星期日"面向全国"特别节目中发表演讲。赫鲁晓夫在广播中讲出了一段关于共产主义问题的话，电波一下子把这些话传播到了美国各地，美国舆论一片哗然，这令美国政府十分难堪，国务卿杜勒斯为此大发雷霆，总统艾森豪威尔也十分生气。

　　哥伦比亚广播公司的领导阶层感到事态非常严重，也非常棘手，他们害怕会因此被吊销营业执照，甚至还担心会受到法律的制裁。他们开了一天一夜的会议，也没有想出一个好的计策。后来，请来了公共关系顾问。顾问建议，要平息这一场风波，不能采取向全国公众承认错误的办法。恰恰相反，要充分肯定公司举办的这个"面向全国"特别节目的积极作用，要大肆宣传这个节目近期为沟通美苏两国之间的关系所做出的贡献。

　　公司采纳了顾问的建议。他们除了充分运用本公司所拥有的各种宣传工具外，还在各大报纸上连续刊登整版广告，发动了强大的宣传攻势。没过多久，社会舆论开始逐步转向哥伦比亚公司方面，公众后来普遍肯定了该公司举办的星期日特别节目所起的积极作用。

　　矛盾具有特殊性，这一哲学原理要求我们在实际工作中要学会具体问题具体分析，只有这样才能更好地解决问题，化解难题。这位顾问正是做到了这一点，最终让哥伦比亚广播公司不仅扭转了难堪，还大大提高了公司的形象。

"双目"与"独目"

——矛盾的普遍性和特殊性不是凝固不变的,在不同的场合是可以变化的

在一个海岛上生活着一群独目人,这件事情被陆地上一个双目人知道了,他想:"如果能捉到一个独目人,放到公园里供大家观看,一定会发大财的。"于是,他怀着这个发财梦只身来到海岛上。这位双目人万万没有想到的事情发生了,他自己竟然被岛上的独目人给捉了起来,关在栅栏里,整天供独目人们观赏。

唯物辩证法认为矛盾的普遍性和特殊性不是凝固不变的,在不同的场合是可以变化的。由于事物范围的极其广大和发展的无限性,在这个场合为普遍性的东西,到另一个场合则为特殊性。反之,在这个场合为特殊性的东西,到另一个场合则为普遍性。任何事物都包含着对立统一的两个方面,即任何事物都有两点,而不是一点,要如实反映事物的本来面目,就必须坚持一分为二的矛盾分析方法。即既要看到事物的这一方面,又要看到事物的那一方面,坚持两点论、两分法、全面的看问题。否则,看问题只看一个方面,而看不到另一方面,或看了那一方面又丢了这一方面,就是片面看问题的一点论,这在理论上是错误的,在实践中是有害的。

青少年应该知道的哲学知识

九方皋相马

——矛盾有主次之分,要善于抓主要矛盾,认清事物的本质

《列子·说符》记载了这样一个故事:春秋时,秦穆公有一位天下闻名的相马专家名收孙阳,人称伯乐。他替秦穆公访求得来的良马,确

实都是骐骥骅骝，每一匹都很出色。

有一天，秦穆公对伯乐说："你的年纪老了，你家后代中有没有能继任你工作的人才？伯乐说："一般的良马，可以从筋骨和外貌鉴别出来，而天下杰出的良马，却无标准可言，难于捉摸。我的儿子不是高才，能鉴别一般的良马，却不能发现天下杰出的良马。不过我有个一同担柴挑菜的朋友，名叫九方皋，他的相马能力，不下于我，我可以介绍他来见你。"

秦穆公很高兴，接见了九方皋，当即请他去访求良马。三个月后，九方皋回来说："已经在沙丘地方找到一匹理想的良马了。"秦穆公问他是怎样的马，他说是"牝而黄"（母的黄马）。于是派人去买。买回来一看，却是"牡而骊"（公的黑马）。秦穆公很不高兴，把伯乐找来，对他说："完了，你推荐的那位相马专家，连马的毛色和公母都分辨不清，哪里能懂得什么良马呢！"

伯乐问明原委，不禁大大赞叹："啊，原来果真这样呀！那真是他比我高明得多啊！九方皋所注意观察的，是最根本的东西，他抓住内在实质，忽略表面外形，只看他需要看的，而不看他不必看的。像九方皋这样观察事物的方法，实在有着比相马更重大的意义啊！"

此后，人们把只注意表面、拘于外形而忽视实质，叫"牝牡骊黄"。相反，能够不计外观形式而注重内容本质的，就叫"牝牡骊黄之外。"这个故事告诉人们：一匹马是否是千里马，主要在于马的内在精神如何。九方皋集中注意力观察马的内在精神，不去注意马的颜色和公母，他就能不受这些次要矛盾的干扰，找出千里马。同样的道理，对九方皋这个人，要求他的是能找出千里马的本领，至于他能不能弄清马的颜色、公母，那是次要的事情。伯乐推荐九方皋，保护和赞扬九方皋，说明伯乐也是善于抓关键的人，他不仅善于相马，也善于识人。

蜀犬吠日

> ——矛盾的普遍性和特殊性是相互联结的，不是凝固不变的，在不同的场合又是可以转化的

我国四川省的东部是个大盆地，它的周围有群山环抱，北面有大巴山，南面有云贵高原，东面有巫山，西面有邓峡和峨媚山。盆地内低山、丘陵层峦起伏；山谷、河道纵横交错。四川盆地由于周围有高山做屏障，冬季寒流不能侵入，夏季热量也不易散发，因而形成了冬暖夏热的特殊气候，降雨量也十分充沛。这种盆地的特殊地形，使四川盆地的天气出现了独特的现象：云雾多，日照少。因为盆地的四周地势高峻，中间低洼，风力微小，湿度极大，所以很容易形成雾，有时雾与云连在一起，整日不散。像重庆，一年难得有几回晴天，被人称为是雾都。居住在那里的人们难得见到太阳，太阳偶尔露一下，狗便惊恐得汪汪乱叫，这就是"蜀犬吠日"。

人们用这个典故主要是讽刺那些本来见识短浅，反而少见多怪的人，这里面却说明了这样的一个道理。地球与太阳每天都在自转与公转中运动、变化着，因此地球上的人们每天早上看见太阳从东方升起，晚间看见太阳从西边落下。这本是很正常的最一般的事情，但在四川盆地地区就成了不正常的事情。而雾天、阴天见不到太阳对于地球上的人们来说是特殊的情况，个别的情况，但是在四川盆地又变成了正常的、一般的、普遍性的事情，在这里矛盾普遍性和特殊性互转化的原理得到了具体的体现。

矛盾的普遍性是指任何事物在任何时候都存在着矛盾，同时也指事物发展过程中的共性原则；矛盾的特殊性是指矛盾着的事物及每一个侧面，都具有不同的特点，又指事物发展的个别性。在两者的关系中，共性存在于个性之中，并且通过个性表现出来；同时由于事物存在的范围、环境、条件的变化，共性与个性也会相互转化。在一定范围内是共

青少年应该知道的哲学知识

性的东西，在另一个范围内、另一种条件下可能会变成个性的东西；在一定范围内是个性的东西，在另一个范围内则可以转化为共性的东西；本来日出天亮、日落天黑这是共性的东西，但由于在四川盆地特殊的条件下，则转化为个性的东西，特殊的事情；而本来雾天、阴天从一年整个情况来看，毕竟是少数，是个别现象，是个性的东西，但在四川盆地却变成共性的、正常的、普遍的现象，因此对于不能进行抽象思维的狗来说，难怪它一见到日出就要汪汪乱叫了。

蜀犬可以吠日，但我们在认识事物的时候，却不能不注意到共性与个性相互转化的原理，既不能只看共性，而不顾各地区的具体情况，也不能一叶障目不见泰山，只从本地区、本单位的情况出发，而看不到事物整体发展的规律性。

赌饼破家

——要善于要抓重点、抓中心

从前有一对夫妇，家里有3个饼。夫妇俩一起分着吃，你吃一个，我吃一个，最后只剩下了一个。他们说："如果谁说了话，就不能吃这个饼了。"为了得到那一个饼，俩人谁也不敢开口说话了。过了一会儿，有个盗贼溜进屋里，夫妇俩因为有约在先，眼睁睁看着财物被全部偷光，谁也不愿意开口说话。盗贼胆子大了起来，当着丈夫的面侮辱他的妻子，妻子急了，高声叫喊有贼，并恼怒地对丈夫说："你怎么这样傻啊，为了一个饼，眼看着盗贼侮辱我。"丈夫高兴地跳了起来，拍着手笑道："啊，蠢货，是你最先开口讲话的，这个饼属于我了。"

唯物辩证法认为，复杂的事物包含有很多矛盾，其中处于支配地位和起决定作用的主要矛盾，规定或影响着其他矛盾的存在和发展。这要求我们要善于抓重点、抓中心，切忌不分主次，"眉毛胡子一把抓"。这对夫妇就是不懂得分析主要矛盾（盗贼进宅）、次要矛盾（夫妻赌

饼），而一味地拘泥于先前的约定，结果因小失大，为饼破家，被人耻笑。

苍蝇"改邪归正"

——事物的性质主要是由主要矛盾的主要方面决定的，矛盾的主次方面在一定条件下相互转化

在澳大利亚，苍蝇已经"改邪归正"，成为人类的朋友。澳大利亚牧场多，人口稀少，城市卫生水平高，垃圾、赃物几乎见不到，因而使苍蝇失去了滋生的场所。在长期的自然选择中，苍蝇进化成了吸食花蜜、植物汁液的昆虫，可以为牧场、果树和农作物授粉。也就是说，苍蝇成了有益的昆虫。

生活环境的改变也使苍蝇"洗心革面"。显微镜下的观察和化验结果表明，它们身上已经不再带有病毒和细菌。此外，它们也不再发出令人讨厌的嗡嗡声，翅膀呈现出美丽的金黄色，身体变得大而漂亮。

由于上述种种原因，澳大利亚的苍蝇已经成为昆虫中的珍品，成为澳大利亚人出口创汇的重要商品之一。世界上有许多国家购买这种苍蝇，有的用于教学、科研，有的用做钓饵，有的还做成美味佳肴。

事物的性质主要是由主要矛盾的主要方面决定的，矛盾的主要方面发生了变化，事物的性质也就随之发生了变化。澳大利亚苍蝇体内存在维持原状和改变原状的矛盾，在外界环境的影响和作用下双方的力量和地位发生了变化，改变原状的方面逐渐上升为矛盾的主要方面，从而使澳大利亚的苍蝇改变了性质，由害虫变成了益虫。

"五子登科"自食其力

——要一切从实际出发，学会用矛盾分析的方法解决问题

某老汉有五个儿子，一个木呆呆，一个鬼精灵，一个瞎眼，一个背驼，一个瘸腿。老汉没有唉声叹气，也没有遗弃哪一个儿子，更没有非要把呆子变精，驼背捶直，而是让木呆呆去务农，面朝黄土背朝天，终身辛苦收成好；让鬼精灵去做买卖，只占便宜不吃亏；让瞎眼去算卦，无师自通不用学；让驼背老四搓麻绳，低头弯腰背不疼；让瘸腿老五纺织棉布，长坐织机不用动，一家人各尽其能，人人安身立命，终身不愁吃穿。

这位老汉在厄运面前没有消沉下去，敢于同命运抗争，给我们提供了诸多的哲学启示：其一，世界的本质是物质，意识是客观存在在人脑中的反映。要求我们在认识世界和改造世界的活动中，真正做到一切从实际出发，使主观符合主观。其二，矛盾是普遍存在的，我们要科学地看问题办事情，首先要承认矛盾的普遍性与客观性，敢于承认矛盾、揭露矛盾；其次，还要善于全面分析矛盾，坚持两分法，防止片面性。其三，矛盾的特殊性是指矛盾着的事物及其每一个侧面各有其特点。它要求我们想问题必须坚持具体问题具体分析，具体解决不同的矛盾。

孔明安居平五路

——矛盾具有特殊性，要坚持具体问题具体分析

《三国演义》第85回讲到，刘备在白帝城驾崩后，曹丕依司马懿之计，起五路大军，趁机伐蜀。诸葛亮知己知彼，安居丞相府运筹帷幄之内，决胜于千里之外。对西番兵马，派马超挡之，因为羌人称马超为

"神威大将军"，对其十分敬仰，西番兵出西平关，见了马超，不战自退。对南蛮孟获，则因其蛮兵惟凭勇力，其心各疑，派魏延用疑兵计杀回洞去了。对反将孟达，因其与李严曾结为生死之交，命李严作书一封派人送去，孟达兵至半路，忽称染病不能前行。对进犯阳平关的曹真，派大将赵云拒之，使魏军于斜谷道不能取胜而回。对于东吴，派一舌辩之士，以利害说之，东吴见四路兵败，在来使游说下，却与西蜀结成盟友。

不同的事物具有不同的矛盾特点，矛盾具有特殊性，这一哲学原理要求我们在实际工作中要学会具体问题具体分析。孔明之所以能安居平五路，就在于他能在根据各路兵马的各自特点，然后采取恰当的方法去应对，做到了具体问题具体分析。

"自残骨肉"的寓言

——事物只有在联系中才能存在和发展

青少年应该知道的哲学知识

在《杂譬喻经》中讲述了一个"自残骨肉"的寓言故事。故事讲道：古时候，有一条蛇，脑袋和尾巴因争地位发生口角。脑袋对尾巴说："我应为大。"尾巴回敬道："我应为大。"脑袋申述理由说："我有耳朵能听声音，有眼睛能看物，有嘴能吃东西，走路在前面，所以应为大。你没有这个本事，不应该跟我争地位。"尾巴听后，很不服气，辩解说："我叫你走，你才能走，要是我把身子绕在树上，一连三圈，三天也不松开，看你怎么办。"

尾巴越说越生气，当真把身子缠绕在了树干上。这么一来，脑袋动也动不得，设法子找食吃，饿得抬不起头来，快要死了，只好哀求尾巴说："放开吧，算你为大还不行吗？"尾巴听了这话，立刻放开了身子。脑袋又对尾巴说："你既为大，应当在前边引路。"

尾巴胜利了，它高高兴兴、大摇大摆地在前边走起来。可是，它没有眼睛，看不清道路，还没有走多远就掉进火坑，整条蛇便被活活地烧死了。

这虽是个简单的寓言故事，却生动地向我们展示了一个哲理，就是事物只有在联系中才能存在和发展。蛇是一个有机的整体，头尾本不能分，虽各自有彼此不能替代的"功能"，但谁也离不了谁。正是其不同的"部分"既互相联系又各司其职，才得以生存和发展。其他事物也是如此，就拿社会来说，社会要生存和发展，就必须既有分工又有合作，各行各业所承担的职能，都是和社会这一有机体相联系的，没有工人、农民就没有社会得以生存的物质基础；没有科学家、工程师、技术人员就没生产力的发展，也就没有物质生活条件的改善相提高；没有教师就没有发展的后劲；没有管理者、公务人员就没有社会有秩序的发展；没有军队，国家就没有安全。总之，社会的存在和发展是以其有机联系为条件的。除了事物的内部联系之外，事物的外部联系也是事物存在和发展的条件，一个社会的发展，就离不开自然条件。社会发展的快慢和物质资源紧密相联，一定的物质资源也只有和社会相联才使自身具有社会的价值。这些事实告诉我们，任何事物孤立起来就不能存在和发展。这就要求我们用联系的观点去思考问题，处理好各种事物的关系，从而推动社会不断发展。

文具盒的设计
——要学会用联系和发展的观点看问题

日本有一家名叫普拉的经营文化用品的小企业，曾经一度面临倒闭的危险。新招进公司不久的年轻女职员王村浩美，在销售文具中发现，许多人来买文具都不是只买一样，而是几样一起买。她想到自己以前读小学和初中的时候，书包里也总是放着好几样文具，很不方便。她想如果能够设计出一种长方形的盒子，里面放入钢笔、铅笔、橡皮、小刀、

圆规、绘图尺一样的文具；并且在盒子的外面印上色彩鲜艳和形象生动的图画。她把这种想法告诉老板后，老板认为这是一个很有价值的点子。既不必改动原有的生产设备，也不需要做新的巨大的投资。

经过精心设计，一种新颖美观的文具盒诞生了，不但中学生喜欢，就连机关、企业的办公人员，以及工程技术人员也纷纷前来购买。尽管这套文具盒的价格比原先单价文具盒的价格总和要高出一倍以上，但是仍然十分热销，一年之内就卖出了300万盒，公司获得了意想不到的利润。

唯物辩证法认为：辨证的否定，是事物自身的否定，是既肯定又否定，既克服又保留。克服的是旧事物中过时的消极的内容，保留的是旧事物中积极的合理的因素。辨证的否定的实质是"扬弃"，要求我们在创新中必须坚持用联系的观点和发展的观点看问题。王村浩美设计文具盒，既有对对过去文具盒的继承，又有对过去文具盒的否定，是在"扬弃"中创新，从而推动了人类文化发展。

原子的可分与不可分

——要坚持用联系、发展、全面的观点看问题

"原子"这个词来源于古希腊，意思就是"不可分"。但随着科学的发展，不断证实了原子是可分的，原子和整个物质世界一样，它的可分与不可分是辩证统一的。

古希腊的朴素唯物主义哲学家留基伯和他的学生德漠克利特，最早提出了"原子论"，认为万物都是由不可再分的原子组成和生成的。由于当时科学水平极低，所以其原子论的观点只是在直觉基础上的猜测。到了19世纪初，从化学家道尔顿开始，在科学实验的基础上，形成了化学上的原子论。从理论上解释了化学中的一系列实验事实，揭示了化学定律之间的内部联系，为化学的发展提供了统一的理论基础。从而断

定在化学这一具体学科中，原子确实是不可再分的，如配平化学反应式时，总是以原子作为基本单位。这种"不可分"能不能扩展到其他具体学科呢？

原子在化学上的不可分，不能说明整个物质结构不可分。科学发展早已证明，在物质结构上，原子是可分的。原子在化学上的不可分与在物质结构上的可分，表现着原子可分与不可分的辩证统一。在提出化学原子论时，人们由于受到当时科学水平和形而上学自然观的限制，认为这是从科学上找到了古希腊哲学家预言的那种不可再分割的统一的"原始物质"，并仍然用"原子"这一名称。恩格斯曾对这种思想作了深刻的分析，提出决不能把原子作为简单的东西或已知的最小的实物粒子，并提出物质世界具有无限层次结构的思想，认为原子不过是其中的一个层次，物质是无限可分的。

以后的科学发展的事实证实了恩格斯的论断是正确的。19世纪末，汤姆逊在阴极射线的实验研究中，发现阴极射线在磁场或电场作用下会发生偏转，根据偏转的方向和大小，确定这种射线的粒子是带负电的，质量只有氢原子的 $1/1800$，给它取名叫"电子"。电子比最小的原子即氢原子都小得多。这说明电子是原子里面的东西，原子不能再被看成是最小的粒子了。而后科学的发展又不断证明了原子的可分性。到目前为止，所发现的300多种粒子，就是一个很好的证明。

科学实验的事实证明，原子的不可分是相对的，在一定具体的范围内，在特定的意义上是不可分的；而超出一定范围则是可分的。我们不能采取形而上学的方法。只看到一定范围的不可分性，并把它绝对化。这种思维方法是不符合实际的，会给科学的研究带来极大的危害。

邹忌现身说法

——要学会用全面的的观点看问题

　　在《战国策》中的《皱忌讽齐王纳谏》一文里，邹忌用现身说法谏请齐王要广开言路。它表明要识别真伪就不能偏听偏信的哲理。故事是这样的，有一天，邹忌先后问自己的妻子、妾和客人，他和城北的徐公相比谁更美。三人一致回答，说邹忌比徐公美得多。第二天，徐公来会见邹忌，在谈话中，邹忌反复地看徐公的容貌，深感自己不如徐公美，再偷偷地照镜子看看自己的"尊颜"，更觉得相差太远了。晚上，邹忌躺在床上想了又想，终于领悟了其中的奥秘："吾妻之美我者，私我也；妾之美我者，畏我也；客之美我者，欲有求于我也。"这也就是说，邹忌妻子说他美，是因为向着他；妾说邹忌美，是因为怕他；客人是因有求于邹忌，才说邹忌比徐公美。

　　这其中的哲学道理是深刻的，面对邹忌与徐公相比谁更美的问题，其实应该一目了然，真伪可辨，但是家中三人都违背了事实真相，硬将不美的说成美。这反映了，在人们认识真理的过程中，往往带有主观主义的倾向，不同地位的人，往往会在利益的驱使下去颠倒真假。如果一个人不注意一种观点是否符合客观实际，对一些人的"顺耳"假话偏听偏信，认假为真，这岂不是要受骗上当吗？可有的人就是喜欢这样：谁吹捧自己，任其讲什么都可以视为"真"；谁批评自己，不论怎样符合实际，则一律贬为"假"。其实，这是以主观"好恶"为标准，去鉴别这种认识的真伪的。邹忌正是看到了这一点才去谏请齐王，说明识别事情的真伪不能偏听偏信。

　　我们面前的世界是复杂的，要正确辨别事物的真伪是不容易的。人们需要借助各种科学知识、工具和实践才能认识到真理。然而，这仅仅是一方面，另一方面则是人的主观性方面的原因。由于主观偏见，往往会以是否符合自己利益、是否顺耳为标准去认识真理。这样就有可能把

青少年应该知道的哲学知识

"所有闪光的东西"都当成了金子，而看不到包在表面闪亮里面的东西是锈铁。人的知识、经验不足是可以学的，但是，思想方法上的错误则会使人走弯路。

物竞天择，适者生存
——事物的变化发展是内因和外因共同作用的结果

自然选择就是指生物在生存环境中适者生存，不适者淘汰。从哲学的角度讲，"适者生存"就是肯定，"不适者淘汰"也就是否定的过程。为什么这样说呢？

一般说来，自然选择能够导致有利变异的保存、积累和发展。生物的多样性归根结蒂源于变异的多样性，遗传变异是内因，环境条件是外因，外因通过内因而起作用。选择的根据是变异，也就是否定因素，没有变异也就没有了选择。拿鱼类登陆变为两栖类为例，一般认为两栖类的祖先是一类原始的鱼类，叫做总鳍鱼。古代某种总鳍鱼具有某些适宜的变异性状：除鳃以外，它有通过口腔的鳔即原始的"肺"；它具有通入口腔的鼻孔，使用"肺"呼吸成为可能；它有鳍，能够支撑身体在浅水中活动，必要时也可以上陆活动，如此等等。在浅水变成沼泽地的过程中，或水中缺氧威胁鱼类生存时，某些总鳍鱼由于具有这些特点，便可以暂时上陆活动，从一个沼泽地移到另一个沼泽地。可能就在环境的适宜变化中，它就逐渐地习惯于陆地上的水边生活了。这里，如果没有必要的变异作为基础，也就是不包含自身的否定因素，那么无论环境如何适宜，上陆生活也是不可能的。自然界为什么有的物种不断分化发展，而有的却不免衰落灭绝呢？其根本原因就在于不同物种具有不同的遗传根据和变异潜能，自身包含着不同的否定因素，因而在选择的作用下形成了不同的变异结果。

肯定内因是根据，并不是否定外因的重要性。外因不具备，内因便

失去变异的条件。最初，生物都是厌氧的，这一特性的形成与原始大气是还原性这外界条件分不开；植物和动物的登陆大发展，又与海洋和陆地的变迁、气候的变化这些外界条件分不开。总之，自然选择反映了生物从肯定到否定的发展过程。

丑姑娘变靓法

——内因是根据，外因是条件，外因通过内因而起作用

有一位姑娘，常常为自己长得不美而自怨自艾。有一天，一位心理学家与她做了一番长谈，最后叫她去买一套漂亮得体的新衣服，请发型师做个好看的发型。然后，星期二晚上到他家去参加一个晚会。

星期二这天，这位姑娘做了一个得体的发式，买了一套合身的衣服。晚会上，它又按照心理学家的吩咐去做——热情地与大家打招呼，笑容可掬，举止得体，还发挥了幽默的谈吐。这使她成了晚会上最受欢迎的一位客人。

晚会后，新认识的朋友争相与她交往，这引发了她对生活的巨大热情，展现出身上蕴藏着的青春美，较往前判若两人。有人对这位心理学家说："你创造了奇迹。"心理学家说："是谁让她变美的？只有她自己。"

唯物辩证法告诉我们，事物的变化发展是内因和外因共同作用的结果，内因是根据，外因是条件，外因通过内因而起作用。丑姑娘变靓从根本上说，是她的自信让她变的漂亮起来，但也与心理学家给她进行的心理辅导是分不开的，所以"丑姑娘变靓"是内因和外因相结合的结果。

青少年应该知道的哲学知识

盲人提灯笼

——要学会用联系的、全面的观点看问题

一个漆黑的夜晚，一个盲人一手拿着根小竹竿小心翼翼地探路，一手提着一只灯笼。路人问："你自己看不见，为什么还要提着灯笼走路？""我提着灯笼并不是为自己照路，而是让别人容易看到我，不会误撞到我，这样我就可以保护自己的安全。而且，由于我的灯笼为别人带来光亮，为别人引路，人们也常常热情地搀扶我、引领我走过一个个沟坎，使我免受许多危险，你看，我这不是既帮助了别人，又帮助了自己吗？"

一切事物都是处在普遍联系之中的，我们要学会用联系的观点看问题，每个人都是生活在种种的联系之中，我们要学会善待周围的一切。世界上的事物又都是处在矛盾之中的，矛盾的双方相互依存相互依赖，在一定的条件下相互转化，盲人提灯笼为别人带来光亮，帮助了别人，同时也得到了人们的搀扶，也就帮助了自己。让我们也从中获得一些人生的启示吧！

便捷的人生智慧

——矛盾是普遍存在的，要学会用矛盾分析的方法分析和解决问题

小时候，我们爱捉泥鳅，特别是在田野抓住一条又大又黄的壮泥鳅，那感觉，不亚于范进中举。但是，泥鳅抓回来之后，端上餐桌，我们却喜欢挑那些小个头的吃，原因是小个泥鳅入味更好，口感更佳。

摘瓜的时候，我们对那些个大味甜的西瓜情有独钟，而临到买瓜的时候，却又爱选那些个头偏小的，原因是小瓜可以一顿吃完，而大瓜往

往要吃上几顿，味道变差不算，还经常浪费……

矛盾具有普遍性，世界上一切事物内部都包含着既相互对立，又相互统一的两个方面。无论是做人、做事、做官、做生意，都会面临着艰难的选择。要做出正确的选择，必须要分清主流和支流，因为事物的性质是由矛盾的主要方面决定的。当大事不适合自己，或者没有能力抓好大事的时候，不失时机去审时度势，抓小放大，有时是一种更便捷的人生智慧。

抓小放大离不开对自身条件的分析。矛盾具有特殊性，不同的事物有不同的矛盾，这些不同的矛盾构成了一事物区别于他事物的特殊本质，这也是世界之所以丰富多彩的原因。很多情况下，人之所以感到不开心往往来源于我们否认特殊性，不明白到底什么是自己真正想要的。就如同我们有时站在镜子前面，仔细端详着自己的脸庞，一会儿觉得自己的眼睛小了一点，一会儿又觉得鼻子不够挺拔……于是你开始抱怨，抱怨父母为什么没把你生成一个大美人。新的一天以此为开端，怎么快乐得起来呢？

所以，坚持对具体问题具体分析，学会对自己宽容，这样才不会使我们由于对自身条件缺乏认识，对未来人生缺乏长远规划，而在与他人的比较中失去自信。

青少年应该知道的哲学知识

杯弓蛇影

——要正确地分析因果关系

晋朝有一个叫乐广的人．有一次，他请位朋友到家中喝酒。主人十分殷勤地在客厅里摆上了宴席，那位朋友很高兴，可是当他端起酒杯，一饮而尽的时候，突然看见酒杯里有一条游动的小蛇。他感到十分厌恶，可是酒已经喝进肚子里去了。喝完酒，他很难受，总觉得肚子里有一条小蛇，因此，回到家中就病倒了。

乐广听到朋友生病的消息后，心想："酒杯里怎么会有蛇呢？"于是，他就到那天喝酒的地方仔细察看。原来，在客厅的墙上挂着一把漆了油彩的弓。他明白了，原来那位朋友的酒杯里映入了弓的影子，朋友当弓为蛇，因而生了病。弄清原因后，他就派人请那位朋友再来喝酒，并说保证能治好他的病。那位朋友来了，乐广请他仍坐在他上次坐的地方。那位朋友非常不安，只见那条小蛇仍然在酒杯里活动！他心情非常紧张，双手发抖，浑身直冒冷汗。这时乐广指着墙上那把弓，笑着说："你看，这哪里是什么蛇，只不过是墙上那弓的影子罢了。"说完，他把墙上的弓摘下来，酒杯里的"蛇"果然不见了。那位朋友弄清了真相，消除了疑虑、恐惧，病马上就好了。

这就是"杯弓蛇影"的成语典故。人们常常用它来比喻因疑虑而引起的恐惧，有时也用它来讽刺那些疑神疑鬼、庸人自扰的人。可是我们从这个故事中却可以认识到正确地分析因果关系的重要性。在客观事物的发展过程中，任何事物的发生、发展都有原因．而任何事物的发生、发展都将产生一定的结果。因果联系是揭示客观事物之间引起和被引起的前后相继、彼此制约的一对哲学范畴，引起某种现象产生的现象是原因，而被引起的现象则是结果。这种因果联系是客观的、普遍的。世界上既没有无因之果，也没有无果之因。因此我们认识事物，也就是认识这事物产生的原因，以及发展的结果。而我们在进行工作时，也必须在正确地判断了工作对象的因果联系后，争取自己的工作取得最好的结果。

乐广在得知了自己的朋友得病这一情况之后，就开始分析各种原因。他知道酒杯里不可能有蛇，而酒中也不可能有蛇，那么原因在哪里呢？他经实地观察分析，终于正确地找到造成酒杯中出现蛇影的真正原因，从而彻底治好了自己朋友的病。

喜鹊筑巢

——要坚持一分为二的观点，全面地分析问题

喜鹊的巢筑在高高的树顶上，到了秋天，一刮起大风，巢便随树枝摇摇晃晃。每到这时，喜鹊和它的孩子们蜷缩在巢中，惊恐万状。

有一只喜鹊就很聪明，在夏天还未到来的时候，它就想到了秋天，它预料到秋季肯定会经常刮大风，这可真是只有远见的喜鹊。为了保障住所未来的安全，它果断地决定立即搬家。于是，它选中了一处粗大低矮的树丫，这地方低矮踏实，上面有浓密的枝叶遮挡，大风也不可能撼动这个粗大稳固的矮树丫。然后，喜鹊又把原来的巢从高高的树顶上搬下来，筑起了新居。新筑的巢真的是舒适安全，大风再也不会侵犯到这低矮处的树丫上了。

夏天到了，大树浓密的树阴下真凉快，过往行人都不免要到树阴下歇凉。人们在树阴下一抬头就看到了喜鹊的巢，再一伸手，就可以轻易地掏到巢中的小鹊或鹊蛋。于是，巢里的小鹊和鹊蛋经常被人掏走。可怜的喜鹊这下遭殃了，秋季还远远没到，它的住所就被破坏得不像样子了。它虽然考虑到了防备未来的灾患，却没想到眼前的危险，结果还是没能避过灾难。

唯物辩证法认为任何事物都处于因果联系的链条中，一定的原因必然产生一定的结果，这就要求我们把某一事物当原因来看，预见可能产生的结果，正确指导自己的行动。聪明的喜鹊在夏天就想到：如果巢筑在高高的树顶，到秋天就会有危险，于是搬了家。这充分说明喜鹊行动是有预见性的，是正确的。但是唯物辩证法又告诉我们，任何事物都包含既对立又统一的两个方面，即任何事物都有两点，而不是一点，那么我们分析问题时就要坚持一分为二的观点，全面地分析问题。喜鹊没能全面地分析巢筑在高处或低处的利与弊，进而也没能找到筑巢的最佳位置，导致灾难临头。可见，缜密思维、周全考虑问题对我们是多么重要啊！

小偷使锁日臻完善

——矛盾是事物发展的动力

"假如没有小偷，锁会达到今天这样的完善吗？假如没有假钞票，钞票的制造会有这样精美吗？"这话出自马克思之口。

在马克思看来，锁的制造日臻完善，钞票的印刷日臻精美，固然取决于生产者的努力，但引起这一努力的根源却应该到事物的反面去寻找。正是由于贼们变着法的偷盗，所以才有了人们变着法的防盗；正是由于骗子们变着法的伪造，所以才有了人们变着法的防伪。这种"魔高一尺，道高一丈"的现象揭示着辩证法的一个重要道理，即事物的矛盾推动着事物的发展。

矛盾是由彼此对立的双方构成的。矛盾双方的相互分离、相互排斥、相互否定，谓之矛盾的斗争性；矛盾双方的相互依存、相互吸引、相互肯定，谓之矛盾的同一性。也许，有些读者朋友对矛盾存在着斗争性还能理解，但对矛盾同时存在着同一性就有些迷惑了——既然矛盾双方是彼此对立的，为什么又说它们相互依存、相互吸引、相互肯定呢？

的确，承认矛盾的存在不是一件易事，"是则是，否则否，除此之外，都是鬼话"的思维方式因其符合传统逻辑而顽固地纠缠着我们的头脑。但是，如果我们比较一下生活中彼此相反且具有内在联系的两类现象，那么就会发现，矛盾双方的的确确是相互依存、相互吸引、相互肯定的。我国古代的哲学家们曾把这种倾向概括为"相反而相成"。

只管传葱的御厨

——要坚持适度原则

有个财主，一天请到了一位给皇帝做饭的厨师。他很高兴，以为在明天为自己祝寿的筵席上可以使客人们尝到美味佳肴。

"请您来造厨，我们可真是口福不浅哪！"财主恭维道。

"当然愿意效力。不过在皇宫里，我们厨子之间是有分工的，我也只能完成我所负责的那道工序。"

"那您负责哪道工序？"财主赶忙问道。

"作料。"厨师一本正经地回答。

"这么说，您很会用作料了？"

"作料我们也有分工。有管姜的，有管蒜的，有管花椒的，有管大料的。我只管葱。"

"您就管葱？"财主惊讶地叫道。

"葱也不全管，我们还有分工。有管剥的，有管洗的，有管切的。我只负责从剥葱到洗葱的传递。"

这是一个笑话，它告诉我们，做任何事情都要坚持适度原则，如果超过应有的限度就会引起麻烦。

"度"是哲学上的一个重要概念，它是质和量的统一，是事物的质所能容纳的量的活动范围。在该范围以内，事物的变化不会引起质变，一旦超出这一范围，事物就会走向自身的反面。

唯物辩证法要求我们坚持适度原则。所谓适度，就是要"恰到好处"，既不偏左，也不偏右。孔夫子主张"过犹不及"、"允执其中"，这颇有道理。"过"同"不及"一样，都会把事情办糟。名厨师炒菜的时候，很注意"火候"，"火候"不够，菜生；"火候"过了，菜老。

二分钱哪儿去了?

——静止性思考习惯会造成认识的误区

某老汉卖瓜,标价买一个二角、买三个五角。有三位顾客结伴而来,各买了一个,每人付给老汉二角。顾客走后,老汉猛然想起,他们三人是一起来的,按照他的规定,他们买去的三个瓜总共收五角钱才对。于是,便让小孙子拿一角钱去追还。小孙子耐不住干渴,中途花四分钱买了两杯茶水,等赶上顾客时只剩六分钱了。小孙子向顾客讲明了原委,三位顾客哈哈大笑,每人各自收下了二分。

一个小伙子知道这件事后编了一道智力试题,让同院的孩子们回答:老汉起初收每位顾客二角钱,总共六角。但是,每位顾客后来又被退回了二分,实际上只花了一角八分。这样,三位顾客买瓜共花了五角四分,小孙子喝茶水花了四分,二者之和为五角八分。这和原来的六角是对不上账的。所差的二分钱哪儿去了? 在谁的手里?

孩子们听完题目后想了好久,始终弄不清二分钱在谁的手里。大家只好去问老师。老师略加思索,笑着说:"二分钱并不存在,这是一道诡辩题。不错,最初老汉是收了六角钱,可是,当老汉拿出一角钱让小孩子追还顾客时,六角钱就不再存在了。小孙子退给每位顾客二分钱,顾客共花了五角四分。这些钱中的五角,在老汉手里;余下的四分,小孙子买了茶水。这笔账本来是很清楚的。大家之所以感到糊涂,是因为没有弄清出题者在两个地方搞了诡辩。第一,五角四分加上四分的计算是荒唐的,因为买茶水的四分钱已经包含在顾客买瓜所付的五角四分之中了;第二,拿五角八分去对六角也是荒唐的,因为六角钱早已不存在了。"

这么一说,孩子们恍然大悟。正准备离开,却被老师叫住了。老师说:"你们知道为什么被迷惑吗? 就在于你们看问题简单化了。客观事物给你们留下的印象是深刻的,以致当事物变化后你们还不肯改变最初

的印象。你们看，起先老汉收了六角钱，可由于其中的一角被退还很快就不存在了。而你们的脑海里却始终保留着'六角钱'的印象。这种静止不变的思考方式是有害的，它会妨碍我们正确地分析事物。譬如，我们有的人养成了'先入为主'的习惯，当某个同学给他的最初印象不好时，他会把这种印象牢牢地固定住。当这位同学改正了以前的缺点后，他也仍然不肯改变以前的印象。"

孩子们听完老师的这些话，若有所思地点了点头。

裁衣的学问

——具体情况具体分析是马克思主义的精髓和活的灵魂

古时候，北京有个成衣匠，在给人们做衣服时，不仅要量做衣服人的身高、胖瘦，而且还要仔细观察和询问做衣人的年龄、相貌、性格，甚至连什么时候中举都要了解清楚。人们对此感到非常奇怪，问起缘由，他便讲了一番裁衣的"短长之理"。说体胖的腰要宽，体瘦的腰要窄；性急的衣宜短，性慢的衣宜长；少年中举的，必定趾高气扬，走起路来挺胸凸肚，所以衣服要做得前长后短，老年中举的，大都是意气消沉，走起路来不免弯腰曲背，所以衣服要做得前短后长。他的这一番道理，便被后人归纳为"量体裁衣"。

这个成衣匠显然是一位相当高明的人。用哲学的观点可以说他懂得具体情况具体分析的道理。具体情况具体分析被列宁称之为马克思主义的精髓和活的灵魂。

书呆子救火

——凡事要坚持具体问题具体分析，不要犯教条主义的错误

从前有个有钱人家，家有十几间房子。一天，他家忽然失火，火势很快蔓延到房顶，如不赶快抢救，全部家产就会被烧光。可是家里没有梯子，不能上房救火。他就让儿子去好友王大人家里借梯子。

他儿子是个读书人，人称书呆子。这书呆子爱面子，又喜欢讲客套。今天，他仍和往常一样对着镜子，把衣帽穿戴得整整齐齐，才大摇大摆地迈着八字步朝王大人家走去。

到了那里，他轻轻地敲开门，连作三个揖，然后登堂人室，文质彬彬地坐到客位上，一声不吭。

王大人看他这种架势，以为他是来做客的，忙吩咐摆酒设宴，热情招待他。

宴席上，他很有礼貌地站起来，和主人频频碰杯，还给厨师们敬了几盅酒。酒喝足了，他才说："老天爷给我家降下大祸，突然发生火灾，听说您家里有架梯子，我想借去用一用，用完立即归还，不知可不可以？"

王大人一听，急得跺着脚说："那你为什么不早讲呢？"

他挺有理地说："不能忘了礼节呀！"

等他扛着梯子赶到家里的时候，他家的房子早就烧光啦。

这个书呆子就是一个教条主义者。这种人夸大理性的作用，轻视感性经验，办事情不从实际出发，处理问题呆板教条，不知道对具体情况要具体分析，不善于灵活变通。把一些抽象的定义、原则视做不能更改、变化的教条，束缚自己，给实际工作和生活带来严重的危害。

南隐斟茶

——任何事物内部都包含着肯定与否定两个方面

从前，有一位学士认为自己对禅的领悟已经到了很高深的境地，就想找一位当世高人，验证一下自己的深度。有一位在南山修行的禅师，由于他参禅的造诣很高，善于借助日常的事物对求教者加以点化，因此他的名气也越来越大，信徒们都称他为"南隐"。这位学士听说之后，就前去拜访南隐，向南隐请教禅的含意

相互见礼之后，学士说明了自己的来意。南隐亲手拿起茶壶，很认真地向杯子里斟着，杯子里的茶已经满了，可是南隐还没有停手的意思。只看见茶水不断地从杯中溢出来，已经流到了桌案上。学士实在有些沉不住气了，就提醒南隐说："老禅师，茶已经满了，流到了桌子上，请不要再倒了。"

南隐像是刚刚醒悟似的，这才把茶壶放下，然后，他指着那斟得满满的杯子，对学士说："你就像这只杯子一样，里面已经装满了你自己的观点、想法。

而我要说的是属于我自己的想法、见解。正像那些淌到外面去的水一样，你不先把自己的杯子空出来，叫我如何对你说禅呢？"

南隐斟茶道出了肯定与否定这对范畴的哲理。从唯物辩证法的观点来看，任何事物内部都包含着肯定与否定两个方面。肯定是事物维持自身存在的方面；否定是促使现存事物灭亡的方面。当肯定方面居于主导地位时，事物处于量变过程之中，呈现出相对静止的状态；当否定方面不断发展壮大，最后占主导地位时，事物就会发生质变。这时新事物就将取代旧事物。从这个意义上说，否定是事物发展不可少的环节。但是，辩证的否定，不是简单的抛弃，而是"既克服又保留"，也就是新事物在扬弃旧事物消极因素的同时，又吸收其积极因素作为自己进一步完善的"养料"。这样看来，否定又是新旧事物联系的环节。

以菜明义

——要辩证看待内容与形式

一天上午，一位老作家的书房聚集几位青年作家、评论家。就文艺创作的内容与形式，几位争论不休，各自发表了许多见解。眼看到了中午该吃饭了，大家说，请老前辈发表高见吧。老作家说，还是吃了饭再说吧。

人们落座后，注意力一下子集中到两碟菜上。一碟是雕刻出精美花样的菜帮子，另一碟是杂陈的各种罐头水果。客人无不赞叹菜帮上的雕刻手艺精巧，样子美观；那碟十锦罐头水果，没有赞扬，但很快就见了盘底，被吃得精光。

老作家见众人用好了饭菜，说道："你们正在为内容和形式的关系问题争论不休，还要我发表意见。今天这餐桌上的两碟小菜，就算是我的一种观点吧！"

客人们的眼睛集中到那碟无人问津的菜帮上。老作家说："是的，这碟菜无论雕刻得多么好，但也雕刻不出滋味来！"

说罢他便起身送客，青年艺术家的脑海里还在转念这两碟菜。

这个故事说明了一个形式和内容辩证关系的哲学道理。形式为表现内容服务，同时必然要受内容的决定和制约。

捉鳄鱼的启示

——任何事物都是矛盾的统一体

鳄鱼咬东西的力量很强，上下腭一合，连牛骨头也能咬得稀碎，令人看了胆战心惊。

不过，渔民在长期同鳄鱼打交道的过程中，发现了它两腭张开的力

量不很大，渔民想，如果只身与鳄鱼搏斗，用双手握紧它的上下腭，也许就能制伏这个庞然大物。

一个渔民下海捕鱼时，果然与鳄鱼遭遇在一起，在无法摆脱的情况下，这个聪明的渔民立即想到必须抓住鳄鱼的弱点同它搏斗。于是渔民趁它合上嘴的一刹那，猛然冲上去死死地用尽平生之力，去握住它的嘴，再用绳子把它的嘴捆上。这一招还真好使，鳄鱼的嘴被捆住以后，显得无法逞凶了，渔民竟牵着绳子，将它拖到海边。自从这位勇敢的人只身俘获鳄鱼以后，远近的渔民普遍接受了这个制伏鳄鱼的妙法。

同世界上一切事物无不具有两重性一样，矛盾是普遍存在的。鳄鱼这个庞然大物既有咬嚼力强的本性，又有两腭张开力不很大的薄弱之处。人们在同它搏斗中，就是要抓住它的薄弱环节，才能战而胜之。

茶叶与箩筐

——事物是处在普遍联系中的矛盾统一体

某茶叶商有一次去南方产茶地区采购茶叶。不料，当他到达目的地时，所有茶叶都有了买主。此时，这位茶叶商十分后悔自己晚来了一步，不知回去以后如何向上司交待为好。他怀着沮丧的心情，在街头上漫步，忽然，发现一个茶农挑着两箩筐茶叶而若有所思，便情不自禁地喊了一声："天助我也！"

于是，他当天派人把当地所有盛茶叶的箩筐全部买下。当早来此地收茶叶的那些茶商们准备将所购到的茶叶运回去时，才发现街上已无箩筐可买，只好纷纷求助于这位后来的商人，他因此赚了一大笔钱。

这个故事说明，好事和坏事不是绝对的，而是相对的。联系是普遍的，世界上的任何事情都是处在普遍联系之中。而矛盾双方的联系在一定条件下则会向各自相反的方向转化。我国古代哲学家老子所讲的"福兮祸之所伏，祸兮福之所倚"就是这个道理。

青少年应该知道的哲学知识

10顶小帽子

——任何事物都是质和量的统一，质和量的规定性又具有多样性

俄国有个人，名叫马尔罗夫。这天，他拿着一块狐狸皮去找帽匠，交待说："请用这块皮子给我做一顶帽子！"

"好！"帽匠说，"你过几天来拿吧！"

马尔罗夫离开帽子店，忽然想："这块狐狸皮那么大，也许能够做两顶帽子？"

他这样一想，又返回来问帽匠："师傅，请告诉我，能不能用这块皮子做两顶帽子？"

帽匠说："当然可以！"

马尔罗夫说："那么就给我做两顶吧！"可他走出不远，又返回来问帽匠："师傅，用这块皮子做3顶帽子行吗？"

帽匠说："可以，完全可以！"

马尔罗夫问："那你能不能做4顶？"

帽匠干脆地说："可以，做10顶也行！"

马尔罗夫下定决心地说："好，那就给我做10顶吧！"他和帽匠说好取帽子的时间，就心满意足地回家去了。

取货的时间到了。帽匠吩咐学徒取出了马尔罗夫定做的10顶帽子。帽子小得只能套住10个指头上。

马尔罗夫吃惊地问："这是什么东西？。。"

帽匠说："这是你定做的帽子呀！"

马尔罗夫生气地说："怎么做这么小？"

帽匠满有理地说："先生，你只说做多少，没说做多大呀！"

这个故事说明，任何事物除了有质的规定性，还有量的规定性。事物的量标志着质的范围与等级，量的规定性是任意事物都不可缺少的。

由于一个事物有多方面的质，它也就有多方面的量的规定性，每一方面的质都有由其质决定的特定的量的规定性。

雅克见鬼

——要善于分析事物的因果联系

有一个名叫雅克的人，骑着刚买来的马，兴致勃勃地走着。

突然，这匹马飞快地跑上一座小山头停下了。雅克一看，面前是座阴森的绞刑架。"真倒霉！"雅克骂道。

他生气地离开小山头，又漫无目的地走了很长的路程。不料，马又突然窜出大路，跑过一片平原，停在了一个绞刑架前。"活见鬼！"雅克感到不妙。怎么老是往绞刑架前跑，莫非是死神在召唤吗？

旁边有人对雅克说："大概是上帝召唤你了，你的马受上帝的启示，才两次宣告你的命运的。"也有的劝他说："别犹豫了，快处理后事吧，你的遗嘱托付给我好了！"

对这种不祥之兆，雅克很惊异。他半信半疑，信马由缰地向前走着，心里七上八下地思忖：难道真的要大难临头吗？

他听天由命地走着，走着。他的马又神不知鬼不觉地向一道矮小的房门窜去，使雅克的头撞在门框上，他顿时昏了过去。看来，死神果真要把他带走了。

然而，一会儿，他苏醒过来。这时他才知道，原来这里是这匹马的"老家"。马过去是属于这间房子的主人的。现在，马被雅克买走了，但"老驴老马思家乡"，所以，一有机会，马总想回来"拜访"一下。

雅克的马为什么一而再地跑向绞刑架呢？这个谜终于被解开了。原来马的前一个主人是刽子手，经常骑着它去绞刑架执行任务，所以，在马的脑子里形成了条件反射，本能地把它的新主人也带向绞刑架。

这个故事说明这样一个哲理：世间一切事物都是因果相生的，有因

青少年应该知道的哲学知识

必有果，有果必有因。世界上的事，没有原因的结果和没有结果的原因都是不存在的，原因和结果是一对哲学范畴，它们是对立统一的辩证关系。在科学研究和一切实际工作中正确运用这个哲理，就会收到良好的效果；反之，如果办事情既不分析原因，也不顾及后果，肯定不会有好的结果。

从花花公子到科学巨匠

——矛盾双方在一定的条件下各走向自己的反面

　　格林尼亚出身于有钱人家，从小生活奢侈，不务正业，人们都说是他是个没出息的"二流子"。在一次盛大的宴会上，格林尼亚受到了一位年轻美貌的姑娘的羞辱。她对格林尼亚说："请站远一点，我最讨厌你这样的花花公子挡住视线！"

　　骄横的格林尼亚有生以来，第一次遇到这样的蔑视和冷漠，他怒不可遏，可这令人无地自容的羞辱，并没有使他失去理智，反而使他像一个昏睡不醒的人被猛击一掌，突然清醒过来，开始对自己的过去产生了悔恨和羞愧。他留下一封家信："请不要探询我的下落，容我刻苦努力学习，我相信自己将来会创造出一些成绩来的。"果然，8年后的1912年，他成了著名的化学家，不久又获得诺贝尔化学奖。

　　据说格林尼亚获得诺贝尔奖后收到一封信，信中只有一句话："我永远敬爱你！"写信者正是那位羞辱他的美丽姑娘。

　　格林尼亚当众受辱，对他刺激很深，他看到了自己身上的恶习，为此感到羞愧。知耻近乎勇，他在8年的时间里刻苦攻读，百折不挠，终于由一个纨绔子弟，成为一个科学巨匠。这件事告诉我们一个物极必反的真理，也即是哲学上说的矛盾转化。这种转化就是指矛盾双方，发展到一定的时候，在一定的条件下，各走向自己的反面，物极必反，因祸得福，乐极生悲，否极泰来，等等。矛盾转化的原理，同我们每个人都

有密切的关系，在现实生活中，有些人喜欢绝对化，往往把人或事物看成是永恒不变的，这是违背辩证法中的转化原理的。

惊人的巧合

——偶然性和必然性是相互联系的

近年来，日本厚生省人口问题研究所的专家，在一次人口统计中，惊奇地发现日本现住人口数恰好是1.23456789亿人。而且这种罕见的巧合迄今已发生4次了。

联合国人口基金会和国际财团共同制作的"世界人口钟"报出了一个奇妙的数字：1993年4月15日12时13分53秒，世界人口总数为5555555555人，共10个5。

类似的这种巧合现象，哲学上称之为事物联系过程中的偶然性。偶然性在事物联系和发展过程中，可能出现，也可能不出现；可以这样出现，也可以那样出现。各行各业的专家学者无不注重对偶然性的研究，因为从研究中往往可以发现规律性的认识，有所发明和发现。

鸡戴眼镜，羊镶牙

——要善于抓住主要矛盾

鸡有着互相打逗、侵啄的习惯，上万只鸡围在一个鸡舍里，霸道的鸡不停地啄弱小的鸡，而弱小的鸡又无处躲藏，这样就造成了鸡的自相残杀。死亡率通常高达25%。

美国加州一个鸡场主发现他的鸡死亡率突然下降。原来是他的鸡许多都患了白内障眼病，鸡对外界事物看不清，就不互相打逗了。这个鸡场主突然想到能否人为地为鸡眼制造点障碍，那么它们不就停止打逗了嘛。

经过几年的研究，鸡场主和兽医发现给鸡戴上粉红色的眼镜效果最好。

这种眼镜装在鸡眼睛里足可保持一年不掉出来。他们解释说，鸡看见血时，它那互相侵啄的本能就会增强；但是它如果看见到处都是一片粉红，那么血也就不明显了，鸡的侵啄本能就会大大减弱。

过去解决这种问题是把刚孵出来的小鸡的尖喙剪掉。但这不是好办法，喙不完整影响了鸡的进食。

这种鸡眼镜每副20美分，保证鸡的死亡率从20％降到5％以下。鸡不互相侵啄了，产蛋率和产肉率也都会上升，因此这种鸡眼镜很受鸡场主们的欢迎，他们纷纷前来订货。

英国一位农场主，名叫戴夫·布朗，他养了许多美利奴细毛羊。正当剪毛旺期时，他发现不少老羊由于牙齿磨损脱落，不能吃草而饿死，布朗因此而终日愁眉不展。一天他忽然想到，人可以镶配假牙，为什么不给自己的绵羊也试一试呢？他向瑞士的一些专家定制了一批专为羊准备的金属假牙，并亲自率领农场工人为羊镶牙，结果还真使数百头良种绵羊延长了寿命。

给鸡戴眼镜，为羊镶牙的思维方法都是抓住主要矛盾，选准突破口，循口而入，竭尽全力"攻其一"，从而就能带动整个问题的解决。

第四篇　立足实践，探求真理

百闻不如一见

——实践出真知

"百闻不如一见"说的是听别人说多少遍，也不如自己亲自看一下。

这个典故出自《汉书赵充国传》。说的是西汉汉宣帝时期，羌人入侵；攻城夺地，烧杀抢掠。宣帝召集群臣计议，询问谁愿领兵前去拒敌。76岁的老将赵充国，自告奋勇请求前往。他在边界和羌人曾经打过几十年的交道。宣帝问他要派多少兵马？他说："我想亲自到边境看看，确定攻守计划，画好作战地图，然后上奏。"宣帝同意了。

赵充国带领一支兵马渡过黄河，遇上羌人的小股军队，一阵狂杀。捉到不少俘虏。兵士们准备乘胜追击，赵充国阻拦说："我们长途到此，不可远追，如果遭到敌兵伏击。就要吃大亏！"部下听了，都很佩服老将的见识。赵充国观察了地形，了解到敌军兵力部署，又从俘虏口中得知敌人内部的情况。他这才制订出屯兵把守、整治边境、分化瓦解羌人的策略，上奏宣帝。不久，朝廷就派兵平定了羌人的侵扰，安定了西北边疆。

这个典故非常深刻阐述了实践出真知的道理。实践是人类有目的地、能动地改造和探索现实世界的一切社会性的客观物质活动，也就是主观见之于客观的一切行动。实践是客观的，主要是由于构成实践的诸要素、实践的前提、实践的对象、实践的手段、实践的结果都是客观的，整个实践的过程也都受到客观条件的制约；

实践是能动的，一方面可以通过实践能动地改造世界，另一方面可以通过实践能动地推动认识的发展；实践又是社会历史的活动，受到一定社会历史条件的制约。认识是人的头脑对于客观物质世界的反映。客观物质世界不会直接在人的头脑中出现，人的认识也不会在人的头脑中自然而然地产生出来。因此，要想得到对某一事物的认识，只有经过实践这一中间环节。

人们是在变革事物的实践中接触事物，从而感知事物；又是在变革事物的实践中暴露事物的内在联系，从而理解事物的本质。因此认识只能来源于实践。

老将赵充国尽管有了很多的与羌人打仗的经验，但他深知实践的重要作用，坚持亲自去了解情况，终于平定了羌人的侵扰。当然，我们说实践是认识的来源，并不是说人们事事都要亲身经历，就每个人的知识来说，多数是间接经验的东西，是通过一定的途径间接得到的知识。但是即使是间接经验的东西，最初仍是来源于直接经验。而且，既是间接经验的东西，必然要经过一定的中间环节，经历的中间环节越多，与实践之间的误差也就越大，因此生活中有条件亲身实践的事情，就应当亲自去实践，经历一定的中间环节，就有得不到正确认识的可能性，因此赵充国才讲"百闻不如一见"。

秀才不出门，全知天下事

——认识来源于实践，既要重视直接经验，也要重视间接经验

"秀才不出门，全知天下事"说的是有一定科学知识的人，对于没有亲身经历的某些事件，也能清楚地知道它们的原委。这个结论与"实践出真知"的观点似乎是矛盾的，但生活中又确实可以看到这样的事例。古代三国时期，诸葛亮在隆中耕田，便知将来的三分天下；张海迪五岁时高位截瘫，硬是凭借超人的毅力掌握了几门外语，懂得了很多方面的科学知识；一个将军运筹帷幄之中，却决胜于千里之外。即使我们没有到过其它的国家，却也了解一些国外的风土人情。我们怎样去认识这些问题解释这些现象呢？

我们知道，认识来源于实践，人们的认识是在实践的基础上产生的。人们在改造客观世界的过程中，一方面通过自己的感官（眼、耳、鼻、舌、身）去接触客观世界，使客观对象反映到自己头脑中来；另一方面，又不断通过实践促进事物内部发生变化，加速客观事物的暴露过程，从而加深对事物本质和规律性的认识。

总之，认识是从实践中得到的。即使是某些难以进入的领域，比如遥远的天体、深部的地层，人们不可能直接去接触，也能通过各种仪器和探测手段去进行观察和分析。因此，不经过对某一领域的实践活动，对于这一领域的认识是不可能得到的。只有实践才是认识的来源。

那么，是不是我们所有的认识都必须经过自己亲身的实践活动，而别无其它的途径呢？也就是说，要想了解天文学的某些知识，必须亲自去观察天象；要想知道战争学的理论，必须亲自去打仗；要想学习世界地理，必须亲自去周游列国。如果是这样的话，就会遇到许多无法解决的困难。

我们知道，一个人的生命是有限的，在一个人的有生之年要想事事都去直接经验、亲身经历，那么本领再大的人也不会取得什么成就。而且人人都去进行自己的实践而不能学习前人的经验，那么整个人类的认识就无法发展。所以，任何一个人的知识，除了亲身经历的那一部分外，更大的一部分则是通过书本、语言交流或其它途径，得到前人或其他人的认识成果。这就是直接经验同间接经验的问题。

直接经验是通过亲身实践得到的知识，间接经验是通过某种途径得到的知识。我们说"秀才不出门，全知天下事"，也就是讲他可以通过某种途径得到一些来自间接经验的知识。这种间接经验虽然自己没有经过实践，但在他人却是直接经验。虽然一个人获得知识用不着事事都去亲自经历，但他通过某种途径得到的间接经验，必须是别人经实践得到的认识，所以认识最终要来源于实践。

"吃西红柿"的故事

——实践是认识的来源

人类的知识都来源于实践。"西红柿可以吃"这样一个常识，同样来源于实践。下面先讲一个"吃西红柿"的故事：

酸甜可口、营养丰富的西红柿，人们都喜欢吃，然而当初人们却不敢吃它。原来西红柿生长在南美洲茂密的森林里，尽管它很讨人喜爱，但当地人认为它有剧毒，不用说吃，就连碰也不敢碰它，并给它起了个吓人的名字叫"狼桃"。

到了16世纪，有一个英国的公爵，在旅行时发现了它，就带回了几株，将它栽种在皇家花园里供观赏。直到18世纪，法国有一位画家抱着献身的精神，决心要尝试一下。在吃之前，画家作好了牺牲的准备，吃完之后，就躺在床上等待"上帝的召见"。可是时间过了很久，他不但没有死，而且也没有任何不舒服的感觉。

这种勇敢的尝试，导致了"西红柿可以吃"这一认识的产生，从此

全世界开始普遍食用西红柿。这个历史上的真实故事说明了一个哲理：认识只能产生于实践，离开实践，人类就不能获得认识，科学就不能发展。

那么什么是实践呢？马克思主义哲学所说的实践，就是指人们有目的地改造客观世界的一切活动。比如工人做工，农民种田，战士守卫边疆，科学家搞实验，医生看病，学生学习，教师上课等都是实践活动。它是"做"和"行动"，是人们有目的地作用于客观对象的一切活动。

事实告诉我们，人们的认识不是从天上掉下来的，也不是自己头脑里固有的，认识只能从社会实践中来。只有在实践中，人们通过眼、耳、鼻、舌、身这些感觉器官和西红柿或别的什么客观事物相接触，才使这些客观的东西反映到人的头脑中来，才有认识。

俗话说"不经一事，不长一智"，"不见不识，不做不会"，"不入虎穴，焉得虎子"，"百闻不如一见，百见不如一干"等等，说的都是这个道理。一个闭目塞听，同外界完全隔绝的人，是无所谓认识的。人们的许多知识都是从生产实践、科学实验等社会实践中来的。

"纸上谈兵"的故事
——认识的目的在于指导实践

古人说得好，"论先后，知为先；论轻重，行为重"，这就是中国古代朴素的知行观，按照马克思主义的认识论观点说就是理论和实践的关系。

如何看待知与行，理论与实践的关系，反映了不同的哲学思想。"纸上谈兵"就是片面强调理论，而忽视实践的形而上学的错误做法。《史记廉颇蔺相如列传》是这样讲的：战国时期，赵国名将赵奢有个儿子，叫赵括，赵括"自少时学兵法，言兵事，以天下莫能当"，真可谓熟读兵法。其实，他的父亲早已看穿了他，认为赵括只是死啃书本教条，如果真叫他带兵，"破赵军者必括也。"相如也看出了这一点，说赵括只是徒然能背他父亲的兵书，并不知结合实际运用。可惜赵王不听劝说，还是以赵括为将，抵抗秦军。果然，因赵括死搬教条指挥作战，使40万大军全部覆没，赵括也死于乱箭之中。

这一故事生动地说明了理论脱离实际的危害性。知道或懂得理论是必不可少的，但如果只是知，而不知怎样行，则会贻害无穷。有的人只会靠嘴巴卖弄自己的学识，一碰到具体问题就束手无策，于事无补。在范缜的《东斋记事》中就有一个"费铁嘴"的故事生动形象地说明了这一点。一天，蜀国国王闻知宋朝天兵要进攻蜀国，非常恐惧。朝中的大臣们都在物色能去抵抗天兵的人。此时有一个外号叫"费铁嘴"的人，走到国王面前答话。大家都以为他不光有"识"，而且还有胆量。仔细听着，他却说："这个事儿，我可绝不敢干。"于是，大家都笑着退朝了。"费铁嘴"只能说不能干，有什么用呢？所以大家讥笑他。

人类掌握知识或理论的目的在于在实践中发挥作用，这样的理论和知识才具有生命力。人们只有根据复杂多变的具体条件灵活地运用理论和知识，并通过实践进一步深化，才能使它成为人类的宝贵财富。再好的理论如果不和实践相结合，就只能是纸上谈兵。赵括就是因死读兵书，不懂得如何应用而兵败身亡的。

侍女能对出对子来

——实践是认识的来源

清朝初年，有个宰相名叫张英，他是朝廷重臣，而且诗文书画都小有名气。有一次他身着便服去乡间私访。当时农民们正在用稻草捆秧，闲谈之间，农民要张英对个对子，农民们出的上联是：稻草捆秧父抱子。张英站在田头想了许久，半天对不出下联。

张英回到家里与夫人谈起此事。正巧，他们的谈话被一位侍女听

见了，她不由得笑了起来。张英问她笑什么，她答道："这有什么难对的，下联是：竹篮装笋母怀儿。"

张英一听，觉得她对得确实工整巧妙，连连称赞。

文才横溢的当朝宰相对不出来的对子，被一个没有上过学的侍女对出来了，说起来令人难以理解，然而这却是事实。原来，这位侍女是农村贫苦人家的孩子，小时候在家里提竹篮挖笋，感受很深。所以一听到上联，就自然对出了下联。

从这个小故事中我们可以清楚地看到文学艺术与社会生活的关系，。文学艺术是通过塑造具体生动的形象来反映社会生活的一种形式。文学艺术不同于科学和哲学，不是使用概念、定理来反映社会存在，而是用生动、具体、感人的形象再现现实。然而并不是某些个别的具体事物的简单再现，而是具有典型性。这种典型性必然是对社会生活的高度概括，因此，文学作品与社会生活密切联系在一起。

进入阶级社会以来，由于体力劳动和脑力劳动的分工，有一批人脱离了劳动专门从事于文学艺术创作。于是有些人就以为文学艺术可以脱离社会生活了，其实不然。就拿我国晋代诗人陶渊明来说，他在《桃花源记》里所描绘的乌托邦式的理想社会，典型地反映了当时封建社会里小生产者渴望美好生活的理想，也是社会生活的反映。因此脱离社会生活是无法写出好的作品来的。

张英之所以对不出农民出的对子，原因也就在于此。农民出对子往往反映了他们的生活，耕种、收割、捡柴、烧饭以及抚儿养女等等。张英则无法想象出与稻草相对仗的是什么事物，与捆秧相对仗的又有什么动作，所以无法对出此句。但是侍女从小生长在农家，非常熟悉农村的生活，收笋季节的情况记忆犹新，于是"竹篮装笋母怀儿"就脱口而出了。

找挨踢的感觉

——实践是认识的唯一来源

法国著名作家莫泊桑，要在他写的一部小说里，细腻地描写一个人被脚踢过之后的感觉。但他一辈子还没挨过拳打脚踢，即没这种体验，在写作时必然遇到困难。一天，他下了一个决心：找人踢我一顿。

他信步来到一条大街上，对一个乞丐说："先生，请你踢我几脚好吗？"

那乞丐起初不敢相信自己的耳朵，后来确实明白了莫泊桑的用意后，以为他是个神经病，理都没理，就走开了。莫泊桑一见当时街上没别的人，正是找感觉的好机会，哪里肯放过他。急忙从口袋里掏出钱，追上去给他，说道："老兄，用力踢吧。"

老乞丐抓起钱来以后，会心地笑了笑，照莫泊桑的屁股就是一脚。莫泊桑疼得不得了，忍着痛揉着屁股就往回跑，挨踢的滋味了然于心，他马上抚笔临纸继续写作。

莫泊桑找感觉的故事说明，你要有知识，你就得参加变革现实的实践，一切真知都是来源于实践。人们只有在实践中获得丰富的经验，才能进行科学的抽象思维。

针尖上的百万天使

——实践是推动认识发展的动力，认识对实践具有能动的反作用

苏州檀香扇厂的微雕艺术家义壁，在一把不足方寸的象牙小扇上，却刻上了14000字的《唐诗三百首》。在10多倍的放大镜下，你可清楚地看到每首诗之间有空行空格，各诗独立成章，每首诗的结尾处，又有

诗人落款的小红印章；更令人惊奇的是，每个字都像毛笔写的。作者根据诗句的内容，灵活地选用了篆、隶、行、楷、草、钟鼎等6种字体，布局新颖，刻工秀逸，令人赞叹不已。

当人们在显微镜下欣赏刘义林的作品时，会看到：一根头发上刻有中国现代四大文豪鲁迅、郭沫若、茅盾和巴金的头像；另一根胡须上刻着唐僧、沙和尚、猪八戒和孙悟空上西天取经的逼真形象。最令人折服的是，他新近创作的在长两厘米、宽一厘米的象牙片上，刻着大观园的全景，里面共有360多个人物，720多间房，1300多棵树。

美国电汽工程师爱德华·沃尔夫，运用雕刻术，在一个针尖上雕刻出一万个天使，每个天使头上，还顶着一个闪闪发光的光圈。不仅如此，他后来甚至可以在一根钢针尖上雕镂出100万个翩翩舞姿的天使。这你能相信吗？

类似微雕、微刻这些数不胜数的人间奇迹的出现，确实使一般的人感到惊奇甚至疑惑。那么，人的本领为什么有这么大？怎样解释呢？哲学上认为，人类把一个一个的"必然王国"变成"自由王国"，都是通过实践的途径取得的。实践使人增长聪明才智，而聪明才智又推动实践和实践手段的发展。就这样相辅相成，循环往复，互相推动，永无止境，就这样使人们认识和改造世界的能力越来越大，成为"万物之灵"。

"高阳应巧辩"辩不出真理

——实践是检验真理的唯一标准，谬误不会因人能雄辩而成为真理

在我们的实际生活中常常有这样的情景，对一个问题持有不同观点的人往往会喋喋不休，各执一辞，甚至争得面红耳赤，不欢而散，有时也真使旁观者一时难以断定谁是谁非。面对这种现象，我们不要忘了

"事实胜于雄辩"，按照马克思主义哲学的观点，就是实践是检验真理的唯一标准。在《笑赞》中记述的故事"高阳应巧辩"就说明了这一哲理。

故事是这样的：古时候，有一位宋国人，名叫高阳应。一天他吩咐家里的工匠盖房子，工匠说："不能盖，现在的木料还有水气，涂上油漆，干了后一定会翘曲。用这样的材料盖房子，眼前看来很漂亮，将来必定糟糕。"

高阳应不信，反驳道："按照你讲的道理来看，房子是不会糟糕的。因为木料涂上油漆，干了以后，会越发坚硬；同时，油漆被风吹干后，还会减轻重量。木料越来越硬，油漆越来越轻，硬木料上刷着轻油漆，这样，盖起来的房子是绝对没有问题的。"

高阳应的这番话说得工匠一时竟无言以对，只好按照主人的吩咐去盖房子。房子盖了，初看，很像个样子，没有不合适的地方，高阳应自然也是洋洋得意。但是，过了一些时候，果然不出工匠所料，房子歪歪扭扭不成样子了。

故事中的高阳应，不能不说是一个雄辩家，道理说得头头是道，可是盖出的房子这一事实却不容人怀疑，这个雄辩家的道理是歪理或谬误一看则明。这真是事实胜于雄辩，再有口才，如果不符合客观实际，也是经不住考验的。从现象而言，对同一个问题的争论，好像就是人的主观思维，道理会因人而异。真理作为一个认识范畴，各执一端的争论者是可以各自发表其见解的。在争论中有时情况非常复杂，一时难辩真谬，但这只是现象。真理是有客观内容的，不以人的意志为转移的，无论一个人怎样雄辩，鉴别其真谬不能只以其主观的结论为标准，而是要看其是否符合客观事实。看一个人讲的是不是真理，就要超出主观范畴，通过实践去验证。这样一来，再雄辩伪道理，如果被验证是谬误，那它也只是空有其表了。高阳应善于雄辩，工匠和他无法相比，但事实证明工匠的道理是正确的，因为他在实践中积累了经验。这就说明谬误不会因人能雄辩而成为真理。

血的教训

——人们对客观事物的认识，总要经过从无知到有知、从错误到正确、从相对错误到相对正确的过程

自古以来，人类都懂得血是神圣的东西，它与人的生命和健康有着至关重要的密切关系。但是几千年来，人们对它都怀有神秘和恐怖的感觉，尤其是对人输血，经历了漫长的探索，真可谓血的教训。

15世纪初，罗马教皇英诺圣特病危，群医束手无策。当时，意大利米兰有个叫卡鲁达斯的医生说，直接向教皇输入人血可以救治，但必须是童男的热血才是最神圣洁净的。他残忍地割开3个十二三岁男孩的动脉血管，让鲜红的血液流入铜质的器皿。3个孩子抽搐着一一死去，惨不忍睹。然而，卡鲁达斯在血液中加入名贵的药草，用手工制造的粗大注射针头，将血液输入教皇的血管中。教皇立即感到胸闷窒息，慢慢死去。4条人命，就此断送在庸医的手中，从现代的观点来看，这样的输血无异于谋杀。

不过，这毕竟是人对人输血的开端，从历史上看，仍有重要意义。

17世纪，医生们真正开始对人输血。当时人们对羊有一种特殊的感情，认为羊血最为圣洁干净。于是，外科医生用羊血输入人的血管来治病，居然有人活下来了，它治愈了一些严重贫血患者，但不少病人却死去了，成功率不到10%。

从一些17世纪保存下来的油画上，可以看到用羊血对人输血的情景：一头健壮的公羊被缚在凳子上，颈部的毛被剃光，割破的颈动脉内插有一根管子，羊血不断流出来。管子的另一头是较细的针孔，刺在病人腕部的血管中，羊放在高处，病人躺在低处，羊血就向病人的血管流去。但是，许多病人往往猛烈窒息，血液也往往凝集，不得流通。羊和人一起死去。这种可怕的情景，可以从古画中看得出来。由于输血如此危险，故当时病人都要立下自愿书，一旦死去，和医生无关。

青少年应该知道的哲学知识

病人死得越来越多了，虽然都是些绝症患者，但也引起社会的震惊，以至巴黎的宗教法庭不得不出来干预，发布命令，禁止输血。于是，仍旧回到喝血的老路上去，喝的大都是羊血，均无显著疗效。

直到100年后，人们才初步弄清楚羊血杀人的秘密。1875年，朗特亚医生终于在显微镜下弄明白，以往人们忽略了血液的其他特性。朗特亚写了一本书《血液移输》，书中一针见血地说："羊的血清，具有破坏并使异体动物红血球凝结的性质。"书中进一步说明了血液的主要成分是血浆、血细胞和血小板，而血细胞又有红细胞和白细胞之分，因此，不同动物的血液混在一起，可促使红细胞的凝结。羊血杀人，就是这个道理。

直到1900年，生理学家肖特克和朗特斯脱才发现人的血型，由于红细胞所含"抗原"（又称"凝集原"）的不同，可以分成三类，即A型、B型和O型。红细胞只有A抗原的，就是A型血；只有B抗原的叫B型血；AB抗原都没有的即O型血。人对人输血，血型一定要相应，否则，红细胞就会凝集，严重时致人死命。这一发现恢复了人对人的输血，挽救了不知多少人的生命。

1910年，科学家强斯基和莫斯又发现了AB型血型。凡是AB型血型的人，可以接受任何血型的输血。后来，陆续又发现MN、P、RH等血型，总共已有10多种血型。从此，输血就更安全可靠了。经过2000多年的探索，牺牲了无数人的生命，人类终于弄清了血液这种神秘的东西，进入了输血的自由王国。

人类惊心动魄的输血史说明，错误是通向真理的必由之路。人们对客观事物的认识，总要经过从无知到有知、从错误到正确、从相对错误到相对正确的过程。

蜈蚣买汽水的寓言

——办事情要透过现象认识事物的本质

有一群昆虫聚集在草堆里一起聚餐联欢，它们一边兴奋地聊着天，一边开心地吃着可口美味的食物。不多久，它们就把准备的汽水喝了个精光。

在没有汽水的情况下，大家口渴难耐，所以就商量要推派一个代表跑腿帮大家买汽水，而卖汽水的地方又离这儿有一段颇长的路程，小虫们认为要解决口干舌燥的急事，一定要找一位跑得特别快的代表，才能胜任这样的任务。

大伙你一言我一语，环顾四周，挑来拣去，最后一致推选蜈蚣为代表，因为它们认为蜈蚣的脚特别多，跑起路来，一定像旋风般的快。

蜈蚣在盛情难却的情况下，起身出发为大家买汽水，小虫们放心地继续嬉闹欢笑，一时忘记了口渴。过了好久，大家东张西望，焦急地想蜈蚣怎么还没回来。情急之下，螳螂自告奋勇跑去了解究竟发生了什么事。它一推开门，才发现蜈蚣还蹲在门口辛苦地穿着鞋子呢！

脚多就跑得快，这只是感觉，而感觉往往是靠不住的。感觉属感性认识，是对事物现象的认识。现象是表面的可感知的，是多变的不稳定的，而本质是内在的、深刻的和稳定的。因此我们办事情不能从事物的现象出发，而应从本质出发，要通过现象认识事物的本质，不能只凭感觉，而应更多地去靠理性认识。

瓦罐里的金币

——假象也是事物本质的表现

约尼尔老爷爷是个鞋匠，他辛苦了一辈子，积攒了58个金币，他怕

青少年应该知道的哲学知识

放在家里被人偷去，就将58个金币放在瓦罐里，半夜里偷偷埋在后院墙角下。

没料到，约尼尔老爷爷在埋瓦罐时，被邻居斯特罗看到了。斯特罗开了个珠宝店，他见钱眼开，在一个伸手不见五指的黑夜里，他把瓦罐挖出来，将58个金币全拿走，又将瓦罐埋回原地。

过了几天，约尼尔老爷爷发觉金币不见了，他断定是被斯特罗偷了去的。

他不动声色，要想办法把金币讨回来。

约尼尔老爷爷琢磨了好几天，终于想出了个好办法。

这天，他装出没事的样子，到斯特罗的店里，跟他闲聊。

约尼尔叹口气说："唉，我人老了，帐也不会算了，请你帮我算算，58个金币加41个金币，一共是多少？"

斯特罗说："这很简单，99个金币！"

约尼尔说："啊，这么说，再凑1个金币，就满100个金币喽？"

斯特罗说："对，一点儿也不错！"

约尼尔显出十分高兴的样子走了。斯特罗看着他的背影，心里想：这老头肯定还想放42个金币到瓦罐里去，为的是凑满100个金币。他若是发现原先放进去的58个金币不见了，就不会再放42个金币了，想到这儿，他连夜把58个金币又放回瓦罐里。

约尼尔一直注意斯特罗的举动。当斯特罗放好金币刚离开，他就把瓦罐挖出来，取回了自己的金币。

过了几天，当斯特罗挖出瓦罐，想拿100个金币时，他摸到的是一堆臭狗屎。

我们在这里看看小偷斯特罗的思想方法，这个人看问题简单、主观、片面，他被人家用表面现象所迷惑，被假象所蒙骗，这是他罪有应得。

那么，什么是事物的现象和本质呢？事物的本质就是事物相对稳定的内部联系，事物的现象就是为人们的感官可能感到的事物的表面特征

和外部联系。事物的现象是错综复杂的，有些现象同本质相一致，有些现象则同本质正好相反。

前一类叫真象，后一类叫假象。在我们上面介绍的故事中，约尼尔老鞋匠就是成功地运用本质和现象间的辩证关系，制造了一个假象，迷惑了小偷斯特罗，解决了归还自己金币的本质问题。

皇冠与杂草

——要善于透过现象看本质

威严的加冕典礼或隆重的授印仪式之后，皇冠或印章便有了神圣的意味。一旦拥有了它们，很多人物便跟着显得神圣起来。然而，每次看到这些人物热衷于炫耀帽子和印章给自己带来的权威时，却总让人不由自主想起另外一些动物来。

在野生的麋鹿群之中，每年夏秋之季都会爆发一场王位之战。战胜者可以拥有王者的统治地位，同时拥有自由享用群落中所有母鹿的交配权。这是自然界的规律，并没有什么特别之处。让人感兴趣的是，获胜的鹿王在夺得王位之后，总是会挑起地上的杂草或枯枝等其他杂物顶到自己强有力的触角之上，然后在自己的鹿群中炫耀几圈，受用着群鹿看着自己头顶上的杂草温顺后退的美妙感觉。这些杂草的意味，与人类社会中的皇冠倒真有几分类似。或者，扩大一点，与我们某些顶着"帽子"掌握了一定权力的人物也很近似。拥有了这些杂草或"帽子"，便有了生杀予夺的威权。也怪不得这么多的人要对它顶礼膜拜了。

——可是我们都忘记了，原来皇冠有时也只不过是一些杂草。

青少年应该知道的哲学知识

和尚卖石

——本质总是隐藏在事物现象之中，要认识事物的本质必须充分发挥人的主观能动性

庙里有两个和尚，一个是老方丈，每天都在读书念经，一个是小和尚，每天都在砍柴挑水。

有一天，小和尚耐不住寂寞了，跑去找方丈："方丈，方丈，我想读书……"

方丈看了看小和尚，什么也没有说，回到房间里搬了一块石头出来："这样吧，今天你把这块石头拿到山下的市集上去卖。但是记住一点：无论别人出多少钱都不要卖！"

小和尚想不通：一块石头让我去卖，而且说，有人买还不给卖？可是，没有办法，小和尚只好拿着石头下山了。

在市集里，从清晨到下午，没有一个人来瞧这块石头。快日落的时候，有个妇女走了过来，看了看石头、看了看小和尚问："小和尚，你这石头是卖吗？"

小和尚说："是啊！"

"这样吧，我出五文钱买你这块石头。因为它的样子很别致，我想买回去给丈夫写字的时候压压纸，这样不容易被风吹走。"

小和尚想，一块石头能卖五文钱啊！但是，方丈不准他卖啊！所以，小和尚只好说："不卖，不卖！"妇女急了："我出六文钱！""不卖，不卖！"

妇女没有办法，只好摇摇头，走了。

傍晚的时候，小和尚带着石头回到山上。

方丈问："怎么样？"

小和尚遗憾的说："今天竟然有个妇女愿意出六文钱买这块石头。但，你说不让我卖，我只好没卖！"

方丈问："你明白了吗？"

小和尚奇怪的回答："不明白啊？"

方丈笑了笑，什么也没说，搬着石头就走了。

小和尚没有办法，只好继续砍柴。

过了一个月，小和尚耐不住寂寞了，又来找方丈："方丈，方丈，我不想砍材，我想读书！"方丈看了看小和尚，还是什么也没说，回到房间里搬出那块石头。"这样吧，这次你把这块石头拿到山下的米铺老板那去卖，但是，还记住：无论他出多少钱都不要卖！"

小和尚想不通：还让我去卖啊，上次人家出六文钱都没卖！但是，没有办法，方丈就是方丈啊。小和尚带着石头下山了。

来到米铺店，见到了米铺老板。

米铺老板听说小和尚是来卖石头的，拿着那块石头端详了半天说："这样吧！我没有多少钱——我出500两银子买你这块石头！"

小和尚吓了一大跳，一块石头值500两银子啊！

米铺老板解释："你不要看它只是一块石头，其实，它是一块化石，我愿意出500两银子来买这块石头！"

小和尚连忙说："不卖，不卖！"抱这石头赶忙回去找方丈。

见了方丈，说："方丈，方丈，米铺老板说愿意出500两银子来买这块石头，说是一块化石！"

方丈问："你明白了？"

小和尚回答："不明白。"

方丈又是笑笑，什么也没说，把这块石头搬走了。

小和尚又没办法了，只好还去砍柴。

再过了一个月，小和尚实在受不了了，再去找方丈："方丈，方丈，我想读书，我不想砍材，也不想卖石头了！"方丈笑着看小和尚，还是什么也没说，回到房间里搬出那块石头："这次呢，你还是去卖石头。不过，这次是卖给山下珠宝店的老板，还是记住：无论他出多少钱都不要卖！"小和尚受不了了：这么贵的一块化石，让我拿着去卖，还

青少年应该知道的哲学知识

说人家出多少钱也不卖!

可是,看着方丈严肃的样子,小和尚只好小心翼翼的带着石头下山了。来到珠宝店门口,告诉门童,说有块石头带给老板看看。珠宝店的老板正穿着裤衩睡午觉,听说一个小和尚带石头来卖,连忙跃起,只穿了个裤衩就奔了出来。看到小和尚,连忙把石头拿过来端详半天,问小和尚:"这块石头是你的吗?"

小和尚说:"是啊!"

"你是这个山上的小和尚吗?"

"是啊!"

"是老和尚让你来卖的吗?"

"是啊!"

珠宝店老板叹了口气,说:"这样吧,我也没有多少钱。我只有三家珠宝店、两家当铺和一些田产,我愿意拿我所有的财产来换这块石头!"

小和尚吓的"扑通"一声跌倒在地上"这么值钱啊!"

珠宝店老板解释:"你不要看它是一块普普通通的石头,其实,它只是外面包裹了一层石头的样子,里面是一块无价之宝的宝玉!就好象古代的'和氏璧'一样,在未开采前只是外面包了一层石头而已。我愿意用我所有的财产来换这块石头!"

小和尚吓得连忙说:"不卖、不卖!"紧紧抱着石头连滚带爬的上山去找方丈。

"方丈、方丈,你怎么能把一块价值连城的宝玉随随便便让我带下山呢?珠宝店老板说他愿意出三家珠宝店、两家当铺和一些田产,就是他所有的财产来换这块石头。他说这里面是一块无价之宝!"

方丈问:"你明白了?"

小和尚回答:"不明白!"

方丈微笑着告诉小和尚:

"同样一块石头,在一个妇女的眼中,只是一块压压纸的石头,值

六文钱；到了米铺老板那里，认识到它一些价值，知道它是一块化石，愿意出500两银子来买；而真正懂得它价值的只有珠宝店的老板，知道它只不过是外面包裹了一层石头的样子，里面是一块无价之宝的宝玉！"

这个故事告诉我们，本质总是隐藏在事物现象的背后，要认识事物的本质必须依赖我们自身的素质，必须充分发挥人的主观能动性。

聪明的首相

——要关于透过现象认识事物的本质

历史上很多成功的领导人都精通拒绝的艺术，在说"不"的同时，还能给足对方面子。19世纪英国首相狄斯雷利就是一例。

有个军官一再请求狄斯雷利加封他为男爵。首相知道此人才能超群，也很想跟他搞好关系，但军官不够加封条件，因此，狄斯雷利无法满足他的要求。

一天，首相把军官单独请到办公室，对他说："亲爱的朋友，很抱歉我不能给你男爵的封号，但我可以给你一件更好的东西。"

狄斯雷利放低声音说："我会告诉所有人，我曾多次请你接受男爵的封号，但都被你拒绝了。"

消息传出，众人都称赞这位军官谦虚无私、淡薄名利，对他的礼遇和尊敬远超过任何一位男爵。军官由衷感激狄斯雷利，后来成了首相最忠实的伙伴和军事后盾。

首相的聪明就在于，他明白军官真正需要的不是一个男爵头衔，而是封爵之后的巨大荣耀。

沙漏

——要善于透过现象抓住事物的本质

朋友买了一个沙漏，很精致。

我说沙漏放在客厅的工艺架上肯定很有格调。朋友说：我可不是把它当作工艺品买来的，而是为了给自己一点压力。他解释说：自己参加了自学考试，可是根本没时间看书，他准备把这个沙漏放在书桌上，用它来衡量时间。看着沙子慢慢在流，你就会想着时间是一去不复返的，你就会珍惜时间，就会关了电脑游戏，回绝朋友无关紧要的聚会等等。

我说这个主意真好，我也想买一个，在哪儿买的？他说在小商品市场最靠边的一个摊位，他是跑遍了整个市场才找到的。我问哪个小商品市场，他说是车站那边的小商品市场。

朋友和我站在街上讨论那个沙漏，最后提议：我们到前面的那个冷饮店坐一会儿。

到了冷饮店，朋友取出了笔，撕了一张报纸，在报纸上给我画了草图，标出了那个摊位的方向。然后我们开始享用一大杯冷饮。外面的阳光很猛，里面的空调很足，所以我们都不约而同地多坐了一会儿。

除了沙漏，我们还在冷饮店谈了各自的工作、儿子和房价又涨了之类的话。

然后告别。出门的时候，朋友看了看表。大呼一声：都5点了，坏了，今天轮到我接儿子。

他拦了一辆的士，一阵风似的走了。

我一下子醒悟过来，就站在那里，觉得不可思议，我们热烈地谈沙漏、谈时间的宝贵，可两人却在冷饮店里坐了一个多小时，谈了那么多的废话。

沙漏原来不在于你买不买它，而在于你自己是否是一个懂得珍惜时间的人。

悔之莫及的老财主

——看问题要抓住本质

有个土财主，家财万贯，年老无子，身边只有一个女儿。已经到了结婚的年龄，老头想招一上门女婿，来继承家业。但由于自己目不识丁，吃了不少苦头，所以选择乘龙快婿必须是才貌双全的人。

有一天，老财主因事去一商行，见商行中有一年少貌美的青年，干活之余，成天坐在那里看书，而且看得非常专心。一问商行老板，知道是福建人，因为家庭贫困，难以为生，才赴南洋求职。老财主听后大喜，就请商行老板作媒，招那美貌青年为乘龙快婿。

入赘几天后，老财主把这位上门女婿叫到堂前，告诉他说："老身因不识字，才请你来。从此以后，你就管我的帐房吧，一切帐目都归你管理，免得我再聘请帐房先生了。"这位乘龙快婿一听，大吃一惊，红着脸说："我从未读过书，一个大字也不认识，怎么能够胜任呢？"

老财主听了，也大吃一惊，问道："起先我不是经常看到你手里拿着书在看吗？怎么能说大字不识一个呢！"

上门女婿回答说："你老弄错了，我那并不是在看书，只是在看书中的图画罢了。"

这个故事告诉我们，看问题要抓住本质，切不可为表面的现象所迷惑。

本质是事物性质的基础，现象是本质的外在表现。本质决定现象，现象表现本质。但现象有真象和假象之分。这个故事中的老财主就不懂这个哲学道理，所以嫁错了女儿，只能后悔莫及。

青少年应该知道的哲学知识

溜走的真理

——认识真理是一个复杂的过程，克服主观偏见则是发现真理的基本前提之一

在科学研究中，往往由于做实验的人学识不足、经验不够，或是戴着有色眼镜、怀有偏见，从而导致了真理就在面前，却没有抓住。

18世纪，在化学界中对燃烧现象流行着一种错误的理论即"燃素说"。它认为，物体所以能燃烧，是因为它含有一种名叫燃素的物质，燃烧就是燃素从物体中分离的过程。可是燃素是什么，谁也说不清，于是许多人都投入了寻找燃素的工作。

1766年，英国的卡文迪做了一个新奇的实验。他把锌片和铁片扔进稀盐酸或稀硫酸中，金属片突然冒出大量气泡。放出的气一遇火星便立即爆炸。"燃素找到了！"燃素说的信徒们以为真的找到了燃素，兴奋至极。他们片面地认为，金属片和酸作用时，金属被分解为燃素和灰烬，因此，放出来的气体必定是燃素。其实这种气体只不过是氢气。

1774年，英国的普利斯特列做了一个实验，他用点燃的蜡烛去接触氧化汞加热后得到一种新气体，竟大放光芒。今天我们都知道普利斯特列找到的正是氧气。如果他能客观地分析问题，是有可能揭开燃烧之谜的。不幸得很，我们又遇到了一个顽固的燃素论者，他从燃素论的观点出发，完全错误地解释了他的实验，说什么新气体是不含燃素的，一旦碰到蜡烛，便贪婪地从蜡烛中吸取燃素，既然燃素大量释放，所以燃烧便非常旺盛。就这样，普利斯特列走到了真理面前，却错过了它。后来，拉瓦锡真正解释了燃烧现象。

关于燃烧现象的理论，还有一个故事，它说明了指导思想的极端重要性。1673年，英国的波义耳把铜放到玻璃瓶里，经猛烈燃烧后，铜片竟然变得更重了。许多人重做了他的实验，结论都一样。但俄国的罗蒙诺索夫偏不信，他也照样做了一遍。不过他与波义耳不同，在整个实验

中他把瓶口都密封了，而波义耳是在铜片加热后把瓶口打开的。结果与以前不同，铜片并未加重。原来在波义耳的实验中，空气进入瓶内后。与金属化合，所以铜的重量加重了。罗蒙诺索夫之所以用"密封"的方法进行实验，与他的学识有关，他对物质不灭定律深信不疑。正是这种指导思想．终于使他纠正了波义耳的错误论断。

由此可见，在科学发展的道路上，需要以科学的态度正确对待，在探索、求实、发展中获得新的真知，决不能因循守旧匆忙地下结论。否则，真理就有可能在眼前滑过。从哲学上而言，认识真理是一个复杂的过程，克服主观偏见则是发现真理的基本前提之一。

"三人成虎"的故事

——真理是主观与客观相符合的产物

战国时期，魏国和赵国订立了友好盟约，魏王要把儿子送到赵国的都城邯郸去做人质抵押，他派大臣庞葱陪同前往。庞葱担心魏王不信任自己，临走之前就对魏王说："大王，如果有一个人对您说，大街上来了一只老虎，您相信不相信？"魏王回答："我不相信，老虎怎么会跑到大街上来呢？"庞葱接着问："如果有两个人对您说，大街上来了只老虎，您相不相信？"魏王回答："如果两个人都这么说，我就半信半疑了。"庞葱又问："如果有三个人都这样说；您相不相信呢？"魏王回答："如果大家都这么说，我只好相信了。"庞葱说："您想，老虎不会跑到大街上来，这是人人皆知的事情，只因为三个人都这么说，大街上有老虎就成了真的了。邯郸离我们魏国的都城大梁，比王宫离大街远得多，而且背后议论我的人可能还不止三个，请大王仔细考查。"魏王点头说："我知道就行了，你放心去吧！"庞葱陪同魏王的儿子到了邯郸。不久，果然有很多人对魏王说庞葱的坏话，魏王也确实相信了，就再也不让庞葱去见他了。

明明谁都知道，大街上不会来一只老虎，可是，说的人多了也就让人相信了。魏王本来非常信任庞葱，可是大家一再在魏王面前说他的坏话，久而久之他也就失宠于魏王了。这些都说明了主观真理论的危害。

真理是客观事物及其规律在人的头脑中的正确反映。真理的形式是主观的，但是就其本身来看都具有明显的客观性。一方面真理所反映的内容是客观的；另一方面检验真理的标准也是客观的。因此真理是主观与客观相符合的产物，在同样的条件下，对于同一个客观对象，真理性的认识只能有一个。在真理的掌握和适用上，任何人都没有特权，仅仅取决于他是否具有实事求是的科学态度。而主观真理论者直接或间接地否认真理的客观性原则，在实践中，或实用主义地认为"有用的就是真理"；或简单地将多数人的意见认为是真理。"三人成虎"的典故生动地说明了这个道理。

世界上的事物是非常复杂的，而人的实践活动的能力和条件也是有限的，不可能事事都去亲身经历，特别是大家都感兴趣的一些事情，会很快流传开来。任何一种传闻在传播的过程中都会出现一些误差，传到最后恐怕已面目全非了。即使对待同一件事，人们也会产生不同的看法，而对真理的认识并不取决于持此种意见人数的多少，有时真理在少数人手里。因此我们即使听到大家都认可的一件事也要认真地分析，切不可轻信！

"神圣计算者"的奢望

——真理是绝对性与相对性的统一

自从牛顿奠定了古典力学的基本体系之后，人们运用他的原理，在自然科学和工程技术的领域中，不断获得了可喜的成就。到了19世纪牛顿力学已经发展成为一门理论严密、体系完整的学科了。

由于牛顿力学的光辉成就和日臻完善，便使得一些科学家认为，牛

顿力学是阐明宇宙间一切奥秘的至善无缺的理论，一旦人们掌握了牛顿力学，认识科学的真理将是无穷无尽的。不少人觉得，科学理论的大厦业已建成，日后的科学除了对已有理论进行修修补补外，似便无事可做了，科学家的任务至多也只是在已知规律的公式的小数点后再加上几个数字罢了。在持有这种想法的科学家中，法国的著名科学家拉普拉斯就是其中之一个。

拉普拉斯在数学和天文学方面曾作出过卓越的贡献，却对古典力学过于迷信。1812年拉普拉斯提出了著名的"神圣计算者"的观点。他认为，如果存在于自然界的一切力量和自然界各个组成部分的详细状态，被一个智慧渊博的"神圣计算者"全部掌握，那么他就可以用力学公式把宇宙中最大的物体运动和最小的原子运动全部推算出来，因而就能预见整个宇宙在无论多少世代以后的一切事情。

在拉普拉斯看来，牛顿力学已经成为"最终理论"，有了它就能穷尽一切真理。他认为：整个世界的发展过程都可以在一个简单的数学公式中表现出来，从一个联立微分方程式的巨大体系中，宇宙中每一个原子的运动的位置、方向、速度都可以在任何瞬间计算出来。既然未来的一切皆可预先L知，那么科学理论自然也就没有发展的必要了。

可是，科学的步伐并没有按照"神圣计算者"的奢望而停顿下来。19世纪末20世纪初的科学大突破、大发展，无情地证明了牛顿力学并不是"终极真理"，而只是科学进程中的一座重要的里程碑；牛顿经典力学并没有穷尽真理，它只是人类真理性认识长河中的一滴。

"神圣计算者"的奢望破灭，说明了这样一个哲理：任何真理都只是在一定时间内，在一定程度上反映了客观事物，因为客观事物在不断发展。因此真理也会在实践中不断地完善和发展，它既有绝对性，又有相对性。人们可以期望不断在深度和广度上极大限度地认识和掌握真理，不断将真理的颗粒汇集起来，随着客观事物的发展不断地完善和发展。但是，决不可奢望出现一个具体真理，便大功告成一劳永逸了。

歪打正着

——真理具有客观性，真理只有一个

一天，张飞从曹操处赴宴归来，对刘备吹胡子瞪眼大发雷霆。孔明问其故，飞答："都道曹操为人慷慨大方，非也。他是天下第一大小气鬼。"孔明道："请将军细说一二。"飞道："我刚到曹营，他二话没说，就对我伸出双手比了个圆圈，我认为他午饭想让我吃烙饼。我摆了摆手，双臂一伸，要吃拉面。他又竖起右手拇指，我跟着竖起右手三指，意思是说，一碗不行要吃三碗。曹操摇了摇头，又叹了口气，我一抹身回来了。"孔明听罢大笑："将军误会了曹操，他刚才是与你打了个哑谜。"张飞瞪大眼睛看着孔明。孔明说："曹操双手画了个圆圈，意思是我要统一中原。将军双臂一展，意思是说，请问我的丈八长矛答应不？曹操竖起右手拇指，意思是我乃汉朝大丞相，挟天子以令诸侯。将军竖起右手三指，意思是刘、关、张桃园三结义，我们众人拾柴火焰高，不怕你！曹操摇了摇头，意思是说，都说张飞绣花粗中有细，果然名不虚传。此时，他也误会了将军，这场哑谜以将军的胜利而告终。"张飞听罢，释然，大笑。

这个故事，与"做贼心虚"、"为人不做亏心事，半夜敲门心不惊"等民谚有异曲同工之妙。它说明由于人们的立场不同，观点和方法不同，认识能力和认识水平不同，对同一个确定的对象会产生不同的认识，但是，其中只能有一种正确的认识，即只能有一个真理。真理和谬误的界限不容混淆，真理面前人人平等。

"猿案"的审判

——真理是不可战胜的

1859年，达尔文的科学巨著《物种起源》问世了。从此，进化论推翻了"神创论"，完成了人类正确认识自然界的一次飞跃。

可是，在《物种起源》出版66年——达尔文逝世43年之后的1925年，在号称最发达的资本主义国家美国，居然发生了轰动一时、令人啼笑皆非的"猿案"大审判。一位普通的高中物理教员约翰·斯考柏斯，因在课堂上讲解了达尔文的进化论而被推上法庭受审，最后竟被判罚款100美金。

事情的经过是：1925年7月10日，在美国一个只有居民1500人的小镇戴屯，开庭审判斯考柏斯，旁听者达到2000人，法庭容纳不下，只好改在露天审判。当时戴屯学校分两个教派：原教旨主义派坚持《旧约全书》的传统观点，即"神创论"；现代主义派则赞成达尔文的进化论，即一切生灵都是由共同的原生物演变而来的，猿和人也不例外。原教旨主义派在田纳西州颇有势力，他们制定了一项法律："《圣经》中上帝创造万物的叙述是千真万确的。除此以外，其他任何异教邪说，一概严禁传授。"显然，这是针对达尔文的进化论的。斯考柏斯在课堂上讲猿变人，触犯了这一法律。

法庭开庭那天，支持斯考柏斯的达洛大声说道："跟真理是无法决斗的，真理战无不胜，真理不需要什么布莱恩知名人士，真理是持久的、永恒的，它不需要任何人的支持。"审判过程中，起诉人借助《圣经》向进化论进攻。这时，达洛向布莱恩指问："布莱恩先生是研究《圣经》的专家，《创世纪》中说，上帝在第一天创造了早晨和夜晚，太阳是在第四天创造出来的。你是否相信呢？布莱恩回答："相信。"达洛又追问："那么，第一天没有太阳，怎么会有早晨和夜晚的呢？"布莱恩当然回答不出来。达洛步步紧逼，又问布莱恩："上帝为了惩罚蛇，让蛇用腹部爬行，你相信吗？"布莱恩回答："相信。""那么，你知道在这以前蛇是怎样行走的吗？"法庭理屈词穷，恼怒地进行了宣判：罚斯考柏斯100元。但布莱恩这个"胜者"，却痛苦不堪，心力交瘁，宣判后的次日便一命呜呼，见上帝去了。

美国田纳西州的"猿案"审判说明，真理是不可战胜的。尽管那位教师在宣传和坚持真理的过程中，遭到打击和诋毁，但是最终的胜利属于这位掌握真理的人。这是因为真理正确地反映了客观事物的真实面目和必然的发展趋势，它是不依人们的主观意志为转移的。

"魔鬼手中的剑也是剑"

——科学技术就是生产力，先进的科学技术没有敌我之分

19世纪当尖形避雷器问世之初，英国谍报部门费尽周折，才把这项工业新技术搞回国，然而英国国王竟然拒绝采用这种先进的科学技术，原因很简单：尖形避雷器的发明者是富兰克林，而富兰克林不属于大英帝国的臣民，却是当时英国的敌对国美国的科学家，所以"君子不食嗟来之食，廉者不饮盗泉之水"，不用！针对英国国王这种愚昧透顶的见解，当时英国国防大臣谏言："陛下，魔鬼手中的剑也是剑！"

"魔鬼手中的剑也是剑"这句名言蕴含着深奥的哲理，它告诉人们，科学技术就是生产力，先进的科学技术并无敌我之分，无论是魔鬼还是菩萨都可以掌握它、利用它。

第五篇　正确认识社会
树立正确的价值观

跑出来的财富

——社会意识具有相对独立性，对社会存在具有反作用，先进的社会意识对社会存在起积极的推动作用

古时候，有一个叫爱地巴的人，他一生气就跑回家去，然后绕自己的房子和土地跑三圈。后来，他的房子越来越大，土地越来越多，而他一旦生气，仍然要围着房子和土地跑三圈，哪怕累得气喘吁吁，汗流浃背。孙子问："阿公！你生气就绕着房子和土地跑，这里面有什么秘密吗？"

爱地巴对孙子说："年轻的时候，只要和人吵架、争论、生气，我就绕着自己的房子和土地跑三圈。边跑边想——自己的房子这么小，土地这么少，哪有时间和精力去跟人生气呢？一想到这里，我的气就消了，也就有了更多的时间和精力来工作和学习了。"

孙子又问："阿公！成了富人，您为什么还要绕着房子和土地跑呢？"爱地巴笑着说："我边跑边对自己说，看哪，我的房子这么大，土地又这么多，又何必和人计较呢？一想到这里，我的气也就消了。"

历史唯物主义认为，社会存在决定社会意识，有什么样的社会存在，就有什么样的社会意识，社会存在的变化发展决定着社会意识的变化发展。社会意识具有相对独立性，对社会存在具有反作用，先进的社会意识对社会存在起积极的推动作用。爱地巴生气的时候，能够正确地对待问题，从而使自己的家境发生了变化，这一积极的生活态度是值得我们学习的。

一碗米的价值

——社会存在决定社会意识，价值观是社会存在的反映

有这样一个故事：徒弟问师傅，一碗米有多少钱的价值？师傅说，这太难说了，看在谁的手里。在家庭主妇的手里，她加点水蒸一蒸，半个钟头一碗米饭出来了，就是一块钱的价值。在小商人手里，他把米好好泡一泡，分成四五堆，用粽叶包成粽子，就是四五块钱的价值。到更有头脑的大商人手里，把它适当地发酵、加温，很用心地酿造成一瓶酒，有可能是一二十块钱的价值。所以一碗米到底有多少价值，要因人而异。

社会存在决定社会意识，人们所处的社会经济关系不同、社会实践不同，所形成的社会意识就不同。一碗米的价值有多大因人而异，取决于使用者的社会经济地位和社会实践。

人只有在劳动中才能创造价值。一个人在劳动中创造的财富越多，他为满足社会需要所作出的贡献就越大，他自身的价值就越大。我们每一个人最初的价值都是"一碗米"。随着时间的推移，人和人的价值拉开了差距。发展的不同结果，在很大程度上取决于每个人对"一碗米"

的加工程度。因此，要提升个人的价值，就要善于开发自己的价值空间，在奉献中努力实现自我价值。

开发自己的价值，要有一颗平常心，脚踏实地、埋头苦干，不能急于求成。积极做好量的积累，为实现事物的质变创造条件。通常说来，一碗米加工的时间越短，离米的形态越近，价值就越小；反之，加工的时间越长，价值就越大。

拓展自己的价值，还要有长远的发展眼光。事物都是运动变化发展着的。从"一碗米"的价值到"一瓶酒"的价值开发，是一个漫长的过程。相反，心怀高远、终身学习的人，眼界才会开阔、思想才会深刻、境界才会高远，价值也才会越来越厚实。

学会思考的芦苇

——价值观对人们认识世界和改造世界的活动具有重要的导向作用

网络——这个浩瀚无际的虚拟世界，不但改变了人们的生产方式和生活方式，而且正在改变或已经改变了人们的学习习惯和思维习惯。面对几乎无所不包的网络，你是不是变成了被动的信息接受者，沉溺于信息的漩涡中而懒得思考呢？

法国著名思想家帕斯卡尔在《风中芦苇在思考》一书中曾说："一个人不过是自然界一株最脆弱的芦苇，但这是一株会思考的芦苇，人因思想而伟大。"另一个思想家笛卡尔也说过："我思故我在。"

帕斯卡尔的话给我们很多哲学启示，人和动物不同，动物只是本能地"活着"，而人的生活应该是经过思考、有明确目标的有意义的生活。

面对着复杂、迅速、多变的网络，我们应该用对立统一的观点看问题：一方面我们认识到，它对于人们认识外面世界具有重大帮助，庆幸高科技带给我们快捷的生活方式。另一方面，我们要养成良好的学习习惯和思维习惯，发挥人类意识活动的目的性、计划性和自觉选择性，通过"思维的眼睛"，揭示深藏于事物内部的本质和规律，理性甄别网络信息，做一个有思想、能判断的网络受益者。

价值观对人们认识世界和改造世界的活动具有重要的导向作用。纷繁复杂的网络虚拟世界提供给人们不计其数而生动鲜活的信息。正是价值观影响着人们作出正确的选择。所以，我们应该发挥主观能动性，在实践的基础上，遵循客观规律，树立正确的价值观，自觉站在最广大人民的立场上，作出正确的价值判断和价值选择，指导我们达到改造客观世界、推动社会发展、拥有美好生活的目的。

在无所不包的网络世界面前，不同的人有不同的选择，不同的选择会有不同的人生。青少年朋友，你将如何选择呢？

一棵树的故事

——人生的真正价值在于奉献

从前有一棵树，她好爱一个小男孩。每天男孩都会跑来，收集她的叶子，把叶子编成皇冠，伴起森林里的国王。男孩会爬上树干，抓着树枝荡起秋千，吃吃苹果。他们会一起玩捉迷藏，玩累了，男孩就在他的树荫下睡着。男孩好爱这棵树…好爱喔！树好快乐！

日子一天天的过去…男孩长大了，树常常好孤单…

有一天男孩来到树下，树说："来啊，孩子，来，爬上我的树干，抓着我的树枝荡秋千，吃吃苹果，在我的树荫下玩耍，快快乐乐的。"

"我不是小孩子了，我不要爬树和玩耍，"男孩说，"我要买东西来玩，我要钱。你可以给我一些钱吗？"

"真抱歉，"树说，"我没有钱。我只有树叶和苹果。孩子，拿我的苹果到城里去卖。这样，你就会有钱，你就会快乐了。」

于是男孩爬到树上，摘下她的苹果，把苹果通通带走了。

树好快乐。

男孩好久没有再来……树好伤心。

有一天男孩回来了，树高兴地发抖，她说："来啊，孩子，爬上我的树干，抓着我的树枝荡秋千，快快乐乐的。"

"我太忙了，没时间爬树。"男孩说。

"我想要一间房子保暖。"他说。

"我想要妻子和小孩，所以我需要房子，你能给我一间房子吗？"

"我没有房子，"树说，"森林就是我的房子，不过你可以砍下我的树枝去盖房子，这样你就会快乐了。"

于是男孩砍下了她的树枝，把树枝带走去盖房子。

树好快乐…

可是男孩好久都没有再来，所以当男孩再回来时，树好快乐…快乐得几乎说不出话来"来啊，孩子，"她轻轻地说，"过来，来玩啊！"

"我又老又伤心，玩不动了，"男孩说，"我想要一条船，可以带我离开这里，你可以给我一艘船吗？"

"砍下我的树干去造船吧！这样你就可以远航…你就会快乐。"树说。

于是男孩砍下她的树干造了条船，坐船走了。

树好快乐…但不是真的。

过了好久好久，那男孩又再回来了。

"我很抱歉，孩子，"树说，"我已经没有东西可以给你了…我的苹果没了。"

"我的牙齿也咬不动苹果了，"男孩说。

"我的树枝没了，你不能在上面荡秋千…"树说。

"我太老了，没有办法在树枝上荡秋千。"男孩说。

我的树干没了，你不能爬…"树说。

"我太累了，爬不动的。"男孩说。

"我真希望我能给你什么…可是我什么也没了。我只剩下一块老树干。我很抱歉……"

"我现在要的不多，"男孩说。"只要一个安静可以休息的地方。我好累好累。"

"好啊！"树一边说，一边努力挺直身子，"正好啊，老树根是最适合做下来休息的。来啊，孩子，坐下来，坐下来休息。"

男孩坐了下来，树好快乐………

那棵树就好象我们的爸爸、妈妈，我们就好象那个小男孩。小时候，我们总是围绕在爸爸、妈妈的周围玩耍。渐渐地长大后会离开父母的身边，而且不常回来，而且每次回来就是不快乐的时候；不然就是有什么需要的时候，而常常父母都会把他们身上最好的、最符合我们需要的东西交给我们。而这时，我们总是拿了东西转身就走，留下渴望我们留在他们身旁的父母。凝视着渐小的背影，他们在心中却是不断地说着希望他会快乐，祝福他一路上顺利、平安。而当我们累，他们就伸出双手怀抱着我们，让我们安稳地在他们的怀中休息，不受吵闹。我们对他们予取予求，不但如此而且还都美梦成真但是他们却都"无怨无悔"，而且还"不求回报"他们有这样的义务对我们吗？没有。那又为了什么使他们这样做--只因为爱。我想只有爱的力量才那么大，而我们摸摸自己的心，我们是以什么样的"爱"去回馈给他们呢？茶来伸手、饭来张口？动不动发脾气？把在外受到的委曲都发泄在他们身上？当他们孤单的时候我们在哪里？当他们需要我们时候我们在哪里？

树的快乐是因为她的付出。人生何尝不是如此，要象树那样，乐于奉献自己的全部，不能只想着索取，有付出才有回报。

五枚金币

——要树立正确的人生观、价值观

有个叫阿巴格的人生活在内蒙古草原上。有一次，年少的阿巴格和他爸爸在草原上迷了路，阿巴格又累又怕，到最后快走不动了。爸爸就从兜里掏出5枚硬币，把一枚硬币埋在草地里，把其余4枚放在阿巴格的手上，说："人生有5枚金币，童年、少年、青年、中年、老年各有一枚，你现在才用了一枚，就是埋在草地里的那一枚，你不能把5枚都扔在草原里，你要一点点地用，每一次都用出不同来，这样才不枉人生一世。今天我们一定要走出草原，你将来也一定要走出草原。世界很大，人活着，就要多走些地方，多看看，不要让你的金币没有用就扔掉。"在父亲的鼓励下，那天阿巴格走出了草原。长大后，阿巴格离开了家乡，成了一名优秀的船长。

珍惜生命，就能走出挫折的沼泽地。

青少年应该知道的哲学知识

心中的顽石

——阻碍我们去发现、去创造的，仅仅是我们心理和思想上的障碍

从前有一户人家的菜园摆着一颗大石头，宽度大约有四十公分，高度有十公分。到菜园的人，不小心就会踢到那一颗大石头，不是跌倒就是擦伤。

儿子问："爸爸，那颗讨厌的石头，为什么不把它挖走？"

爸爸这么回答："你说那颗石头喔？从你爷爷时代，就一直放到现在了，它的体积那么大，不知道要挖到到什么时候，没事无聊挖石头，不如走路小心一点，还可以训练你的反应能力。"

过了几年，这颗大石头留到下一代，当时的儿子娶了媳妇，当了爸爸。

有一天媳妇气愤地说："爸爸，菜园那颗大石头，我越看越不顺眼，改天请人搬走好了。"

爸爸回答说："算了吧！那颗大石头很重的，可以搬走的话在我小时候就搬走了，哪会让它留到现在啊？"

媳妇心里非常不是滋味，那颗大石头不知道让她跌倒多少次了。

有一天早上，媳妇带着锄头和一桶水，将整桶水倒在大石头的四周。

十几分钟以后，媳妇用锄头把大石头四周的泥土搅松。

媳妇早有心理准备，可能要挖一天吧，谁都没想到几分钟就把石头挖起来，看看大小，这颗石头没有想像的那么大，都是被那个巨大的外表蒙骗了。

你抱着下坡的想法爬山，便无从爬上山去。如果你的世界沉闷而无望，那是因为你自己沉闷无望。改变你的世界，必先要改变你自己的心态。

一夜与一生
——真诚是一种优良的品质

不要吝啬自己的真诚，尽你所能帮助每一位需要帮助的朋友，这样不仅使你快乐，有时还可能因此改变你的一生。

很多年前，在一个风雨交加的晚上，一对老年夫妇到一家旅店投宿。服务台一位年轻人热情的接待了他们："很抱歉，由于举办大型会议，我们这几天的房间全满了，而且附近几家饭店都是一样。"

老年夫妇满脸的遗憾，只好转地身向外走。这时，青年服务员又拦住了他们："太太、先生，如果你们不嫌弃，可以在我的房间暂睡一晚，因为在这样的夜晚投宿无门是多么糟糕，而我又恰好加班。"

没有别的办法，老年夫妇一边道谢，一边接受了。

第二天早上，老年夫妇再次感谢了青年人，并把房钱递给他。青年

人拒绝了："不，先生。我只是把自己的房间借给你住，这不属于营业范畴。"准备离开时，老先生对青年人说："好样的，或许有一天，我会为你建一所旅店。"青年人笑了笑，并没在意。

几年之后，青年人忽然收到了老先生的信，请他到曼哈顿一趟。青年人在曼哈顿一幢豪华建筑物前又见到了老先生，老先生指着身后的建筑物说："还记得我说过的话吗？这就是我为你修建的饭店。"

不久，这个青年人就真成了这家饭店的总经理，他做梦也没有想到，自己不经意的一夜真诚竟换来了一生的回报。

印度哲学家

——人生要学会取舍

印度有一位知名的哲学家，天生一股特殊的文人气质，不知迷死了多少女人。某天，一个女子来敲他的门，她说："让我作你的妻子吧！错过我，你将再也找不到比我更爱你的女人了！"

哲学家虽然也很中意她，但仍回答说："让我考虑考虑！"

事后，哲学家用他一贯研究学问的精神，将结婚和不结婚的好、坏所在，分别条列下来，才发现，好坏均等，真不知该如何抉择？

于是，他陷入长期的苦恼之中，无论他又找出了什么新的理由，都只是徒增选择的困难。

最后，他得出一个结论——人若在面临抉择而无法取舍的时候，应该选择自己尚未经验过的那一个。不结婚的处境我是清楚的，但结婚会是个怎样的情况，我还不知道？对！我该答应那个女人的央求。

哲学家来到女人的家中，问女人的父亲说："你的女儿呢？请你告诉她，我考虑清楚了，我决定娶她为妻！"

女人的父亲冷漠地回答："你来晚了十年，我女儿现在已经是三个孩子的妈了！"

哲学家听了，整个人几乎崩溃，他万万没有想到，向来自以为傲的哲学头脑，最后换来的竟然是一场悔恨。

尔后二年，哲学家抑郁成疾，临死前，将自己所有的著作丢入火堆，只留下一段对人生的批注——如果将人生一分为二，前半段的人生哲学是"不犹豫"，后半段的人生哲学"不后悔"。

对人生，既要有当机立断的决心，更要有永不后悔的气魄！人若在面临抉择而无法取舍的时候，应该选择自己尚未经验过的那一个底下的测验是测验你面对的决择的判断力

人生的光彩

——正确的世界观、人生观和价值观让你人生更精彩

人生的光彩在哪里？说起来其实很简单。

有一个人去应聘工作时，随手将走廊上的纸屑捡起来，放进了垃圾桶。他的举动恰好被路过的面试官看到了，因此他得到了这份工作。

原来获得赏识很简单，养成好习惯就可以了。

有个小弟在脚踏车店当学徒，有人送来一部有故障的脚踏车，小弟除了将车修好，还把车子擦试得干干净净。其他学徒笑他多此一举，后来雇主将脚踏车领回去的第二天，小弟就被挖到那位雇主的公司上班。

原来出人头地很简单，多干点就可以了。

有个小孩对母亲说："妈妈，你今天好漂亮。"母亲回答："为什么。"小孩说："因为妈妈一天都没有生气。"

原来要拥有漂亮很简单，只要不生气就可以了。

有个牧场主人，叫孩子每天在牧场上辛勤地工作，朋友对他说："你不需要让孩子如此辛苦，农作物一样会长得很好的。"牧场主人回答说："我不是在培养农作物，我是在培养我的孩子。"

原来培养孩子很简单，让他吃点苦头就可以了。

有一家商店经常灯火通明，有人问："你们店里到底是用什么牌子的灯管？那么耐用。"

店家回答说："我们的灯管也常常坏，只是我们坏了就换而已。"

原来保持明亮的方法很简单，只要常常更换就可以了。

住在田边的青蛙对住在路边的青蛙说："你这里太危险，搬来跟我住吧！"路边的青蛙说："我已经习惯了，懒得搬了。"几天后，田边的青蛙去探望路边的青蛙，却发现它已被车子压死，暴尸在马路上。

原来掌握命运的方法很简单，远离懒惰就可以了。

有一只小鸡破壳而出的时候，刚好有只蜗牛经过，从此以后小鸡就背着蛋壳过了一生。原来脱离沉重的负荷很简单，放弃固执成见就可以了。

有几个小孩很想当天使，上帝给他们一人一个烛台，要他们每天把烛台擦亮，结果一天两天过去了，上帝都没来，于是有些小孩就不再擦拭那烛台。有一天上帝突然造访，只有一个烛台是干干净净明明亮亮的，那是被大家叫做笨小孩的烛台，因为上帝没来，他也每天都擦拭，结果这个笨小孩成了天使。

原来当天使很简单，只要实实在在去做就可以了。

有只小猪，向神请求做他的门徒，神欣然答应。刚好有一头小牛由泥沼里爬出来，浑身都是泥泞，神对小猪说："去帮他洗洗身子吧！"小猪讶异的答道："我是神的门徒，怎么能去侍候那脏兮兮的小牛呢！"神说："你不去侍候别人，别人怎会知道你是我的门徒呢！"

原来要得到别人尊敬很简单，只要真心付出就可以了。

有一支淘金队伍在沙漠中行走，大家都步伐沉重，痛苦不堪，只有一人快乐地走着，别人问："你为何如此惬意？"他笑着："因为我带的东西最少。"

原来快乐很简单，拥有少一点就可以了。

人生的光彩在哪里？早上醒来，光彩在脸上，充满笑容地迎接未来。到了中午，光彩在腰上，挺直腰杆地活在当下。到了晚上，光彩在脚上，脚踏实地地做好自己。

纸片的命运

——人生态度影响人生价值的实现

大学里，有一堂哲学课给我留下了深刻的印象，至今记忆犹新。

那是期中考试后的一天，班里的一个同学因为各门功课都考得一塌糊涂，所以忧心忡忡，在哲学课上无精打采。他的异常引起了哲学教授的注意，教授把他从座位上叫了起来，请他回答问题。教授拿起一张纸扔到地上，请他回答：这张纸有几种命运。

也许是惊慌，也许是心不在焉，那位同学一时愣住，好一会儿，他才回答："扔到地上就变成了一张废纸，这就是它的命运。"教授显然并不满意他的回答。教授又当着大家的面在那张纸上踩了几脚，纸上印上了教授沾满灰尘和污垢的脚印，然后，教授又请这位同学回答这张纸片有几种命运。

"这下这张纸真的变成废纸了，还有什么用呢？"那个同学垂头丧气地说。

教授没有说话，捡起那张纸，把它撕成两半扔在地上，然后，心平气和地请那位同学再一次回答同样的问题。

我们被教授的举动弄糊涂了，不知道他到底要说什么。

那位同学也被弄糊涂了，他红着脸回答："这下纯粹变成了一张废纸。"

教授不动声色地捡起撕成两半的纸，很快，就在上面画了一匹奔腾的骏马，而刚才踩下的脚印恰到好处地变成了骏马蹄下的原野。骏马充满了刚毅、坚定和张力，让人充满遐想。最后，教授举起画问那位同学："现在请你回答，这张纸的命运是什么？"

那位同学的脸色明朗起来，干脆利落地回答："您给一张废纸赋予希望，使它有了价值。"教授脸上露出一丝笑容。很快，他又掏出打火

机，点燃了那张画，一眨眼的工夫，这张纸变成了灰烬。

最后教授说："大家都看见了吧，起初并不起眼的一张纸片，我们以消极的态度去看待它，就会使它变得一文不值。我们再使纸片遭受更多的厄运，它的价值就会更小。如果我们放弃希望使它彻底毁灭，很显然，它就根本不可能有什么美感和价值了，但如果我们以积极的心态对待它，给它一些希望和力量，纸片就会起死回生。一张纸片是这样，一个人也一样啊。"

倒垃圾

——榜样的力量是无穷的

故事发生在一个居民住宅楼里。

大家都把垃圾倒在巷口的那块空地上，日子长了，便弄得满地狼藉。后来，环卫部门根据居民的建议，在这里建了个垃圾箱。从此，这里的卫生状况就有了好转。可是时间一长，问题就来了，垃圾箱周围又散乱地堆起了脏物，到了夏天，就蚊蝇成群，臭气扑鼻，令人不堪入目。只因有人倒垃圾的时候少往前跨了几步，你离三步倒过去，随风飘飞，他离五步撒出去，天女散花。半天不到，赃物便延伸到了路中心，行人虽然牢骚满腹，也只好踮起脚尖屏住呼吸快步通过。

终于有一天，墙上出现了一行字：请上前几步倒垃圾！措词很和善。可是没用，乱倒垃圾的现象依旧。

一天，人们发现墙上的字改了：禁止乱倒垃圾！态度比较严肃了，语气是命令式的。可是十几天过去了，情况仍未有好转。

于是墙上的字换成了：乱倒垃圾者罚款100元！口气变得很威严，好像极具震慑力。可还是没人理睬，依然乱倒，依然狼藉。

后来出现了一行骂人的话：乱倒垃圾者是猪狗！到了这样的地步，我们似乎看到了书写者既忍无可忍又无可奈何的窘态。可是谁会买你的账呢？反正你也没亲眼看见谁在乱倒，结果当然可想而知。

事情虽然不算大，却令人揪心。可又有什么办法呢？

谁也没想到，今年以来情况居然发生了奇迹般的转变，再没有人在这里乱倒垃圾了，周围也再找不到一点儿脏物，墙上那条改换了多次的标语也不见了。

这是怎么回事？这和一个人有关，他住进了这栋楼里。这是一个什么人，有这么大能耐？他不是政要，不是名人，不是劳模，也不是哪里派来的卫生监督员，他是一个年届花甲的普通老人，而且是个盲人。自从他和老伴儿住来之后，每天早晨他要做的第一件事，就是出门走30米去倒垃圾，奇怪的是，他总能准确地把垃圾倒进垃圾箱。

有人问他："大爷，您双目失明，怎么能把垃圾倒进箱里去的？"

他答道："开始也倒不准，时间长了，我心里就有数了。"

人们退而思之，叹服不已。好一个"我心里有数"！

其实人人心里都有数。盲人想得很简单，也很坚定：垃圾是应该入箱的，否则就会脏了环境。所以他每天默默地数着脚步，一步一步，开始由老伴儿搀着，后来独自摸向垃圾箱，准确无误地将垃圾倒进去。

但是人们的善心和良知又往往会受某种外来善举的影响而被激发出来，在潜移默化中慢慢改变着自己的行为，这就是榜样的力量。

乐观与悲观

——人生态度会影响人生价值的实现

两个青年到一家公司求职，经理把第一位求职者叫到办公室，问道："你觉得你原来的公司怎么样？"

求职者面色阴郁地答道："唉，那里糟透了。同事们尔虞我诈，勾心斗角，部门经理粗野蛮横，以势压人，整个公司暮气沉沉，生活在那里令人感到十分压抑，所以我想换个理想的地方。"

"我们这里恐怕不是你理想的乐土。"经理说，于是这个年轻人满面愁容地走了出去。

第二个求职者也被问到这个总是，他答到："我们那儿挺好，同事们待人热情，乐于互助，经理们平易近人，关心下属，整个公司气氛融洽，生活得十分愉快。如果不是想发挥我的特长，我真不想离开那儿。"

"你被录取了。"经理笑吟吟地说。

话外语：一味抱怨的悲观者，看到的总是灰暗的一面，即便到春天的花园里，他看到的也只是折断的残枝，墙角的垃圾；而乐观者看到的却是姹紫嫣红的鲜花，飞舞的蝴蝶，自然，他的眼里到处都是春天。

日本"奶酪天皇"的奋斗史
——人生的真正价值在于对社会的奉献

佐藤贡——日本的"奶酪天皇"，从小就目睹和接触喂养奶牛、挤牛奶技巧和制作奶酪等一套奶牛工序，逐渐在耳濡目染中对奶牛业产生了浓厚的兴趣，并且暗自立下宏图大志——"早日成为一名技湛艺精的奶牛业专家"。他总是在认真刻苦完成好学业的基础上，利用课余时间投身到熟悉奶牛业的社会实践之中，高中毕业时，无师自通地学会了喂养高产奶牛的各种绝招，掌握了超一流的奶酪制作技术。在美国俄亥俄州州立大学农艺畜学专业的四年间，他经过刻苦攻读，以超人的机敏扑捉到了美国奶牛业的一整套先进经验，洞察出了日本奶牛业的一系列落后弊端，确立了"全力改变日本奶牛业落后现状，早日赶超美国奶牛业先进水平"的奋斗目标，回国后，他经过不断的努力，52岁那年创造了日本最大的企业形乳制品联合体——雪印乳业，带领着广大酪农奔小康，人人称他为"乳品王"，受到了日本当地居民和社会各界的尊重。

人生价值包括两个方面：一是个人对社会的责任和贡献；二是社会对个人尊重和满足，人生的真正价值在于对社会的奉献。佐藤贡从小就立下了振兴日本奶牛业的宏愿大志，通过艰苦奋斗，全面提高个人素质，在奶牛业行业中埋头苦干，发挥出了聪明才智，为日本的奶牛业做出了巨大的贡献，实现了自己的人生价值。

北极熊减肥记

——要尊重客观规律，树立正确的价值观

你知道吗？北极熊变瘦了！与以往憨态可掬的祖先比今天的北极熊尽显"苗条"。科学家对比20世纪初期和末期的北极熊头颅骨后说，由于污染增多，污染物进入北极熊体内使其体型缩小；全球变暖，海洋冰面减少，北极熊要花费更多的能量猎食，这样就限制了它的生长。科学家甚至担心，冰面继续融化，北极熊有一天会没有立足之地。

祸不单行，近日，澳洲海洋生物的生存也遭受到了威胁。澳洲一个海上钻井平台发生了原油泄漏，从破洞处涌出的石油和天然气造成了海上大面积的浮油带。澳资源部长极力表明浮油带"没有威胁到澳大利亚海岸"，"它会自然蒸发"。但环境学家担心，原油泄漏会威胁到该海域稀有海洋生物的安全，带来严重的生态危机。

联系是普遍的，世界是一个普遍联系的有机整体，联系是客观的，不以人的意志为转移。人类的活动会给自然界带来影响，美国科学家丹尼斯·梅多斯在《增长的极限》中一针见血地说："引起全球变暖根本原因，是人类对物质的无度贪欲与消耗。"

价值观对人们认识世界和改造世界的活动具有重要的导向作用。长期以来，在错误的生态价值观指导下，人类毫无节制地从大自然中索取，造成了生物食物链的破坏，很多生物面临着灭绝的厄运！工业化给人们带来丰厚物质的同时，也对人类和其他生物共同居住的环境造成了毁灭性的后果：否认或者无视人与自然以及其他生物之间的客观联系，最终必将殃及人类自身。

大自然一次次向人类敲响警钟！近几年，几乎每一个人都切身地体会到，气候变暖已经不再是一个预言，它已经变成了活生生的现实：中印两国20多亿人口依赖的青藏高原"亚洲水塔"正在急速消融；日益干燥的空气引发森林火灾，熊熊燃烧的大火放出大量的二氧化碳，与全球变暖形成恶性循环。科学家预测，以这种速度下去，到30年后，北冰洋将几乎完全无冰。这对于人类文明将是摧毁性的。

只有发挥人的主观能动性，树立正确的价值观，作出正确的价值判断和价值选择，着眼于整个生态系统，自觉尊重客观规律，按客观规律办事，世界各国共同参与，积极采取有效措施，才能使人类幸免于难。

"自我设计"别自我

——辩证地思考个人与社会的关系

人作为能动的存在物总是要活动的，而人的活动又总是"带有经过思考的、有计划的、向着一定的和事先知道的目标奋进的特征"，像建筑师造屋那样事先设计一番，朝着既定的目标前进。事实上，每个人在他学习、劳动、生活的每一个实践活动中都在进行着自我设计，不过有的正确，有的错误罢了。

要正确地进行自我设计，就必须辩证地思考个人与社会的关系，懂得每个人都是在定社会条件下受社会制约的人的道理。虽然每个人都可以怀有美好的理想，按一定目标让想象驰骋，在头脑中勾画出自我设计的蓝图，但是，要实现它则离不开社会提供的物质前提和精神前提。1946年，美国宾夕法尼亚大学的莫希莱和埃克特等人设计和制造的第一台电子计算机就是最好的说明。电子计算机的设计思想不是从天上掉下来的，也不是设计者头脑主观自生的，而是在人类计算工具方面一系列发明创造的基础上设计出来的。它经历了算盘、计算尺、机械台式计算机、差分机和分析机，直到机械自动数字计算机和电子计算机的发展过程。同时，电子学和自控技术的飞跃发展，也为电子计算机的产生提供了物质条件。显然，如果没有这些条件，莫希莱等人也就不可能建造出世界上第一台电子计算机。

人是社会的人。在现实生活中，人又总是处在一定的经济政治条件下，接受一定的教育并与他人交往，这样便形成了种相互制约的关系。人可以有自己的设计蓝图，但必须看到社会的这种制约性。如果个人只搞"唯物的自我设计"而又不顾社会的经济或政治的制约；不顾他人或集体的利益，一味地"自我实现"，那么，这样的"自我设计"十个会有八个难以成为现实。一个人的发展依赖于社会的发展，集体的发展，只有在集体中，个人才能获得全面发展其才能的手段。也就是说，只有在集体中才可能有个人的自由"。当然，我们还应该看到社会的发展也依赖于个人的发展，需有合理的自我设计，从而使每个人都能发挥出最大的能量或才能。个社会或集体，如果人人有专长，那么它就会兴旺发达。

总之，对于自我设计，应该进行辩证思考，要放在个人与社会或集体的矛盾关系中思考，否则，就难以想明白，"设计"了，也因不合时宜而难以实现。

说必然的遭痛打

——树立正确的真理观和价值观

鲁迅先生在他的作品中给我们讲述了这样一个故事：

有一户人家生了个男孩，全家高兴得不得了。满月的时候，抱出来给前来祝贺的客人看，自然是想得到一点好兆头。一位客人说，这孩子将来是要发财的，他马上得到主人的一番感谢。又一位客人说，这孩子将来是要做官的，他也得到了几句恭维的话。在一片欢笑声中，一位客人却说，这孩子将来是要死的，他于是得到一顿大家合力的痛打。说要死的必然，说富贵的撒谎。但说谎的得好报，说必然的却遭痛打。

鲁迅先生在这里无疑是在讽刺当时社会流行的阿谀奉承的市侩哲学。但与此同时，我们也看到一个真理观和价值观的问题。"这孩子将来是要死的"，这句话是一个具有真理性的认识。至于这个真理，生孩子家主人如何对待，就是他的价值观了。价值，是指能满足主体一定需要的客体趋势。真理和价值这两个范畴，体现了人们对于认识世界和改造世界的两个尺度——事物的客观尺度和人的内在尺度的自觉意识。

钻石就在你身边

——人生最重要地的事情是把握现在

从前有个年轻英俊的国王，他既有权势，又很富有，但却为两个问题所困扰，他经常不断地问自己，他一生中最重要的时光是什么时候？他一生中最重要的人是谁？

他对全世界的哲学家宣布，凡是能圆满地回答出这两个问题的人，将分享他的财富。哲学家们从世界各个角落赶来了，但他们的答案却没有一个能让国王满意。

这时有人告诉国王说，在很远的山里住着一位非常有智慧的老人，也许老人能帮他找到答案。

国王到达那个智慧老人居住的山脚下时，他装扮成了一个农民。

他来到智慧老人住的简陋的小屋前，发现老人盘腿坐在地上，正在挖着什么。"听说你是个很有智慧的人，能回答所有问题，"国王说，"你能告诉我谁是我生命中最重要的人？何时是最重要的时刻吗？"

"帮我挖点土豆，"老人说，"把它们拿到河边洗干净。我烧些水，你可以和我一起喝一点汤。"

国王以为这是对他的考验，就照他说的做了。他和老人一起呆了几天，希望他的问题能得到解答，但老人却没有回答。最后，国王对自己和这个人一起浪费了好几天时间感到很非常气愤。他拿出自己的国王玉玺，表明了自己的身份，宣布老人是个骗子。

老人说："我们第一天相遇时，我就回答了你的问题，但你没明白我的答案。"

"你的意思是什么呢？"国王问。

"你来的时候我向你表示欢迎，让你住在我家里。"老人接着说，"要知道过去的已经过去，将来的还未来临——你生命中最重要的时刻就是现在，你生命中最重要的人就是现在和你呆在一起的人，因为正是他和你分享并体验着生活啊。"

时间纽扣

——正确对待人生中的苦与乐

从前，有个年轻人和他的情人相约在一棵大树下见面。他性子急，很早就来了。虽然春光明媚，鲜花烂漫，但他急躁不安，无心观赏，颓废地坐在大树下长吁短叹。

忽然他面前出现了一个小精灵。"你等的不耐烦了吧！"精灵说："把这个纽扣缝在衣服上吧。要是遇上不想等待的时候，向右旋转一下纽扣，你想跳过多长时间都行。"

小伙子高兴得不得了，握着纽扣，轻轻地转了一下。啊！真是奇妙！情人出现在他的眼前，正脉脉含情的望着他呢！要是现在就举行婚礼该有多棒呀！他心里暗暗地想着。他又转了一下，隆重的婚礼、丰盛的酒席出现在他的面前；美若天仙的新娘依偎着他；乐队奏响着欢乐的音乐，他深深的陶醉其中。他看着美丽的新娘，又想，如果现在只有我们俩该多好！不知不觉中纽扣又转动了一点，立刻夜阑人静……

他心中的愿望层出不穷，我还要一所大房子，前面是我自己的花园和果园。他转动着纽扣，我还要一大群可爱的孩子。顿时，一群活泼健康的孩子在宽敞的客厅里愉快的玩耍。他又迫不及待的将纽扣向右转了一大半。

时光如梭，还没有看到花园里开放的鲜花和果园里累累的果实，一切就被茫茫的大雪覆盖了。再看看自己，须发皆败，早已经老态龙钟了。

他懊悔不已：我情愿一步步走完人生，也不要这样匆匆而过，还是让我耐心等待吧。扣子猛地向左转动了，他又在那棵大树下等着可爱的情人。他的焦躁已经烟消云散了，心平气和地看着蔚蓝的天空，鸟叫声是如此悦耳，草丛里的甲虫是那么可爱。原来，人生不能跳跃着前行，耐心等待才能让生命的历程充满乐趣。

人生无法跳跃着前行，但人生的每一步要怎样走，以什么样的速度走，走的质量如何都在每个人自己的掌控之中。

生命的价值

——不要让昨日的沮丧令明天的梦想黯然失色！

在一次讨论会上，一位著名的演说家没讲一句开场白，手里却高举着一张20美元的钞票。

面对会议室里的200个人，他问："谁要这20美元？"一只只手举了起来。他接着说："我打算把这20美元送给你们中的一位，但在这之前，请准许我做一件事。"他说着将钞票揉成一团，然后问："谁还要？"仍有人举起手来。他又说："那么，假如我这样做又会怎么样呢？"他把钞票扔到地上，又踏上一只脚，并且用脚碾它。尔后他拾起钞票，钞票已变得又脏又皱。"现在谁还要？"还是有人举起手来。

"朋友们，你们已经上了一堂很有意义的课。无论我如何对待那张钞票，你们还是想要它，因为它并没贬值，它依旧值20美元。人生路上，我们会无数次被自己的决定或碰到的逆境击倒、欺凌甚至碾得粉身碎骨。我们觉得自己似乎一文不值。但无论发生什么，或将要发生什么，在上帝的眼中，你们永远不会丧失价值。在他看来，肮脏或洁净，衣着齐整或不齐整，你们依然是无价之宝。"

生命的价值不依赖我们的所作所为，也不仰仗我们结交的人物，而是取决于我们本身！我们是独特的——永远不要忘记这一点！

昂起头来真美

——人因为自信而美丽

珍妮是个总爱低着头的小女孩，她一直觉得自己长得不够漂亮。有一天，她到饰物店去买了只绿色蝴蝶结，店主不断赞美她戴上蝴蝶结挺漂亮，珍妮虽不信，但是挺高兴，不由昂起了头，急于让大家看看，出门与人撞了一下都没在意。珍妮走进教室，迎面碰上了她的老师，"珍妮，你昂起头来真美！"老师爱抚地拍拍她的肩说。

那一天，她得到了许多人的赞美。她想一定是蝴蝶结的功劳，可往镜前一照，头上根本就没有蝴蝶结，一定是出饰物店时与人一碰弄丢了。自信原本就是一种美丽，而很多人却因为太在意外表而失去很多快乐。

无论是贫穷还是富有，无论是貌若天仙，还是相貌平平，只要你昂起头来，快乐会使你变得可爱——人人都喜欢的那种可爱。

为生命画一片树叶

——只要心存希望，就会有奇迹发生

美国作家欧亨利在他的小说《最后一片叶子》里讲了个故事：病房里，一个生命垂危的病人从房间里看见窗外的一棵树，在秋风中一片片地掉落下来。病人望着眼前的萧萧落叶，身体也随之每况愈下，一天不如一天。她说："当树叶全部掉光时，我也就要死了。"一位老画家得知后，用彩笔画了一片叶脉青翠的树叶挂在树枝上。最后一片叶子始终

没掉下来。只因为生命中的这片绿，病人竟奇迹般地活了下来。

人生可以没有很多东西，却唯独不能没有希望。希望是人类生活的一项重要的价值。有希望之处，生命就生生不息！

飞翔的蜘蛛

——信念是一种无坚不催的力量，当你坚信自己能成功时，你必能成功

一天，我发现，一只黑蜘蛛在后院的两檐之间结了一张很大的网。难道蜘蛛会飞？要不，从这个檐头到那个檐头，中间有一丈余宽，第一根线是怎么拉过去的？后来，我发现蜘蛛走了许多弯路从一个檐头起，打结，顺墙而下，一步一步向前爬，小心翼翼，翘起尾部，不让丝沾到地面的沙石或别的物体上，走过空地，再爬上对面的檐头，高度差不多了，再把丝收紧，以后也是如此。

温馨提示：蜘蛛不会飞翔，但它能够把网凌结在半空中。它是勤奋、敏感、沉默而坚韧的昆虫，它的网制得精巧而规矩，八卦形地张开，仿佛得到神助。这样的成绩，使人不由想起那些沉默寡言的人和一些深藏不露的智者。于是，我记住了蜘蛛不会飞翔，但它照样把网结在空中。奇迹是执着者造成的。

阴影是条纸龙

——人生中经常有无数来自外部的打击，但这些打击究竟会对你产生怎样的影响，最终决定权在你手中

祖父用纸给我做过一条长龙。长龙腹腔的空隙仅仅只能容纳几只蝗

虫，投放进去，它们都在里面死了，无一幸免！祖父说："蝗虫性子太躁，除了挣扎，它们没想过用嘴巴去咬破长龙，也不知道一直向前可以从另一端爬出来。因而，尽管它有铁钳般的嘴壳和锯齿一般的大腿，也无济于事。"当祖父把几只同样大小的青虫从龙头放进去，然后关上龙头，奇迹出现了：仅仅几分钟，小青虫们就一一地从龙尾爬了出来。

命运一直藏匿在我们的思想里。许多人走不出人生各个不同阶段或大或小的阴影，并非因为他们天生的个人条件比别人要差多远，而是因为他们没有思想要将阴影纸龙咬破，也没有耐心慢慢地找准一个方向，一步步地向前，直到眼前出现新的洞天。

成功并不像你想像的那么难

——并不是因为事情难我们不敢做，而是因为我们不敢做事情才难的

1965年，一位韩国学生到剑桥大学主修心理学。在喝下午茶的时候，他常到学校的咖啡厅或茶座听一些成功人士聊天。这些成功人士包括诺贝尔奖获得者，某一些领域的学术权威和一些创造了经济神话的人，这些人幽默风趣，举重若轻，把自己的成功都看得非常自然和顺理成章。时间长了，他发现，在国内时，他被一些成功人士欺骗了。那些人为了让正在创业的人知难而退，普遍把自己的创业艰辛夸大了，也就是说，他们在用自己的成功经历吓唬那些还没有取得成功的人。作为心理系的学生，他认为很有必要对韩国成功人士的心态加以研究。

1970年，他把《成功并不像你想像的那么难》作为毕业论文，提交给现代经济心理学的创始人威尔布雷登教授。布雷登教授读后，大为惊喜，他认为这是个新发现，这种现象虽然在东方甚至在世界各地普遍存在，但此前还没有一个人大胆地提出来并加以研究。惊喜之余，他写信给他的剑桥校友当时正坐在韩国政坛第一把交椅上的人朴正熙。他在信

中说，"我不敢说这部著作对你有多大的帮助，但我敢肯定它比你的任何一个政令都能产生震动。"

后来这本书果然伴随着韩国的经济起飞了。这本书鼓舞了许多人，因为他们从一个新的角度告诉人们，成功与"劳其筋骨，饿其体肤"、"三更灯火五更鸡"、"头悬梁，锥刺股"没有必然的联系。只要你对某一事业感兴趣，长久地坚持下去就会成功，因为上帝赋予你的时间和智慧够你圆满做完一件事情。后来，这位青年也获得了成功，他成了韩国泛业汽车公司的总裁。

人世中的许多事，只要想做，都能做到，该克服的困难，也都能克服，用不着什么钢铁般的意志，更用不着什么技巧或谋略。只要一个人还在朴实而饶有兴趣地生活着，他终究会发现，造物主对世事的安排，都是水到渠成的。

追求忘我

——战胜自我才能走向成功

1858年，瑞典的一个富豪人家生下了一个女儿。然而不久，孩子染患了一种无法解释的瘫痪症，丧失了走路的能力。

一次，女孩和家人一起乘船旅行。船长的太太给孩子讲船长有一只天堂鸟，她被这只鸟的描述迷住了，极想亲自看一看。于是保姆把孩子留在甲板上，自己去找船长。孩子耐不住性子等待，她要求船上的服务生立即带她去看天堂鸟。那服务生并不知道她的腿不能走路，而只顾带着她一道去看那只美丽的小鸟。奇迹发生了，孩子因为过度地渴望，竟忘我地拉住服务生的手，慢慢地走了起来。从此，孩子的病便痊愈了。女孩子长大后，又忘我地投入到文学创作中，最后成为第一位荣获诺贝尔文学奖的女性，也就是茜尔玛拉格萝芙。

忘我是走向成功的一条捷径，只有在这种环境中，人才会超越自身的束缚，释放出最大的能量。

乐观者与悲观者

——摆正了心态，生活就会充满阳光。

父亲欲对一对孪生兄弟作性格改造，因为其中一个过分乐观，而另一个则过分悲观。一天，他买了许多色泽鲜艳的新玩具给悲观孩子，又把乐观孩子送进了一间堆满马粪的车房里。

第二天清晨，父亲看到悲观孩子正泣不成声，便问："为什么不玩那些玩具呢？"

"玩了就会坏的"。孩子仍在哭泣。

父亲叹了口气，走进车房，却发现那乐观孩子正兴高采烈地在马粪里掏着什么。

"告诉你，爸爸。"那孩子得意洋洋地向父亲宣称，"我想马粪堆里一定还藏着一匹小马呢！"

乐观者与悲观者之间，其差别是很有趣的:乐观者看到的是油炸圈饼，悲观者看到的是一个窟窿。

勇于冒险

——要想有所成就，就要勇于接受挑战

有一天，龙虾与寄居蟹在深海中相遇，寄居蟹看见龙虾正把自己的硬壳脱掉，只露出娇嫩的身躯。寄居蟹非常紧张地说："龙虾，你怎可以把唯一保护自己身躯的硬壳也放弃呢？难道你不怕有大鱼一口把你吃掉吗？以你现在的情况来看，连急流也会把你冲到岩石去，到时你不死才怪呢？"

龙虾气定神闲地回答："谢谢你的关心，但是你不了解，我们龙虾每次成长，都必须先脱掉旧壳，才能生长出更坚固的外壳，现在面对的危险，只是为了将来发展得更好而作出准备。"

寄居蟹细心思量一下，自己整天只找可以避居的地方，而没有想过如何令自己成长得更强壮，整天只活在别人的护荫之下，难怪永远都限制自己的发展。

每个人都有一定的安全区，你想跨越自己目前的成就，请不要划地自限，勇于接受挑战充实自我，你一定会发展得比想像中更好。

再试一次

——执着是通向成功的金钥匙

有个年轻人去微软公司应聘，而该公司并没有刊登过招聘广告。见总经理疑惑不解，年轻人用不太娴熟的英语解释说自己是碰巧路过这里，就贸然进来了。总经理感觉很新鲜，破例让他一试。面试的结果出人意料，年轻人表现糟糕。他对总经理的解释是事先没有准备，总经理以为他不过是找个托词下台阶，就随口应道:等你准备好了再来试吧。"

一周后，年轻人再次走进微软公司的大门，这次他依然没有成功。但比起第一次，他的表现要好得多。而总经理给他的回答仍然同上次一样：等你准备好了再来试。"就这样，这个青年先后5次踏进微软公司的大门，最终被公司录用，成为公司的重点培养对象。

也许，我们的人生旅途上沼泽遍布，荆棘丛生;也许我们追求的风景总是山重水复，不见柳暗花明;也许，我们前行的步履总是沉重，蹒跚;也许，我们需要在黑暗中摸索很长时间，才能找寻到光明;也许，我们虔诚的信念会被世俗的尘雾缠绕，而不能自由翱翔;也许，我们高贵的灵魂暂时在现实中找不到寄放的净土……那么，我们为什么不可以以勇敢者的气魄，坚定而自信地对自己说一声再试一次!

青少年应该知道的哲学知识

再试一次，你就有可能达到成功的彼岸！

天道酬勤

——一份耕耘，一份收获

曾国藩是中国历史上最有影响的人物之一，然他小时候的天赋却不高。有一天在家读书，对一篇文章重复不知道多少遍了，还在朗读，因为，他还没有背下来。这时候他家来了一个贼，潜伏在他的屋檐下，希望等读书人睡觉之后捞点好处。可是等啊等，就是不见他睡觉，还是翻来复去地读那篇文章。贼人大怒，跳出来说，这种水平读什么书？然后将那文章背诵一遍，扬长而去！

贼人是很聪明，至少比曾先生要聪明，但是他只能成为贼，而曾先生却成为毛泽东主席都钦佩的人:近代最有大本夫源的人。

勤能补拙是良训，一分辛苦一分才。那贼的记忆力真好，听过几遍的文章都能背下来，而且很勇敢，见别人不睡觉居然可以跳出来大怒，教训曾先生之后，还要背书，扬长而去。但是遗憾的是，他名不经传，曾先生后来启用了一大批人才，按说这位贼人与曾先生有一面之交，大可去施展一二，可惜，他的天赋没有加上勤奋，变得不知所终。

伟大的成功和辛勤的劳动是成正比的，有一分劳动就有一分收获，日积月累，从少到多，奇迹就可以创造出来。

你也在井里吗?

——人生必须渡过逆流才能走向更高的层次，最重要的是永远看得起自己。

有一天某个农夫的一头驴子，不小心掉进一口枯井里，农夫绞尽脑

汁想办法救出驴子，但几个小时过去了，驴子还在井里痛苦地哀嚎着。

最后，这位农夫决定放弃，他想这头驴子年纪大了，不值得大费折章去把它救出来，不过无论如何，这口井还是得填起来。于是农夫便请来左邻右舍帮忙一起将井中的驴子埋了，以免除它的痛苦。

农夫的邻居们人手一把铲子，开始将泥土铲进枯井中。当这头驴子了解到自己的处境时，刚开始哭得很凄惨。但出人意料的是，一会儿之后这头驴子就安静下来了。农夫好奇地探头往井底一看，出现在眼前的景象令他大吃一惊：

当铲进井里的泥土落在驴子的背部时，驴子的反应令人称奇——它将泥土抖落在一旁，然后站到铲进的泥土堆上面！

就这样，驴子将大家铲倒在它身上的泥土全数抖落在井底，然后再站上去。很快地，这只驴子便得意地上升到井口，然后在众人惊讶的表情中快步地跑开了！

就如驴子的情况，在生命的旅程中，有时候我们难免会陷入枯井里，会被各式各样的泥沙倾倒在我们身上，而想要从这些枯井脱困的秘诀就是:将泥沙抖落掉，然后站到上面去！

高贵的施舍

——克服困难需要充分发挥主观能动性

一个乞丐来到一家门口，向一位大嫂乞讨。这个乞丐太可怜了，他的右手连同整条手臂断掉了，空空的袖子随风晃荡着，让人看了非常难受。

大嫂指着门前的一堆砖对乞丐说："你帮我把这堆砖搬到屋后去吧。"乞丐生气地说："我只有一只手，你还忍心让我搬砖。不愿意给就不给，何必刁难我？"这位大嫂听了并没有生气，而是弯下身子搬起砖来，她故意把一只手插进裤兜里，只用一只手搬。搬了一趟回来说："你看，一只手也能干活。我能干，你为什么不能干呢？"乞丐怔住了，过了一会儿，终于弯下身子，用他唯一的一只手搬起砖来，一次只能搬两块，整整搬了两个小时才把砖搬完。大嫂递给他一条雪白的毛巾让他擦拭汗水，又给了他二十元钱。乞丐接过钱说："谢谢你，我永远不会忘记你的。"

几年之后，一位老板模样的人来到了这位大嫂家的门前。这个老板只有一只左手，右边的一条空空的衣袖随着风儿一荡一荡的……

聪明的读者一定猜出这个人是谁了吧，没错，这个老板就是先前的乞丐，他之所以能变成有模有样的老板，与那位大嫂的"刁难"有很大关系，是那位大嫂的做法让他从中领悟到了人要敢于面对生活中的困难挫折，在困难面前要有一种不畏惧不退缩的意志和精神。正是这种精神的力量让他改变了自己，赢得了生活。可见在实际生活中我们不仅要有效利用好客观条件，还要善于充分发挥主观能动性的作用。

99个发卡

———缺憾的人生才是真实完美的

国王有七个女儿，这七位美丽的公主是国王的骄傲。她们那一头乌黑亮丽的长发远近皆知。所以国王送给她们每人一百个漂亮的发夹。

有一天早上，大公主醒来，一如往常地用发夹整理她的秀发，却发现少了一个发夹，于是她偷偷地到了二公主的房里，拿走了一个发夹。

二公主发现少了一个发夹，便到三公主房里拿走一个发夹；三公主发现少了一个发夹，也偷偷地拿走四公主的一个发夹；四公主如法炮制拿走了五公主的发夹；五公主一样拿走六公主的发夹；六公主只好拿走七公主的发夹。

于是，七公主的发夹只剩下九十九个。

隔天，邻国英俊的王子忽然来到皇宫，他对国王说："昨天我养的百灵鸟叼回了一个发夹，我想这一定是属于公主们的，而这也真是一种

奇妙的缘分，不晓得是哪位公主掉了发夹？"

公主们听到了这件事，都在心里想说："是我掉的，是我掉的。"

可是头上明明完整的别着一百个发夹，所以都懊恼得很，却说不出。只有七公主走出来说："我掉了一个发夹。"话才说完，一头漂亮的长发因为少了一个发夹，全部披散了下来，王子不由得看呆了。

故事的结局，想当然的是王子与公主从此一起过着幸福快乐的日子。

为什么一有缺憾就拼命去补足？一百个发夹，就像是完美圆满的人生，少了一个发夹，这个圆满就有了缺憾；但正因缺憾，未来就有了无限的转机，无限的可能性，何尝不是一件值得高兴的事！

人生不可免的缺憾，你怎样面对呢？逃避不一定躲得过；面对不一定最难受；孤单不一定不快乐；得到不一定能长久；失去不一定不再有；转身不一定最软弱；别急着说别无选择，别以为世上只有对与错，许多事情的答案都不是只有一个。

所以我们永远有路可以走。

你能找个理由难过，你也一定能找到快乐的理由。

懂得放心的人找到轻松，懂得遗忘的人找到自由，懂得关怀的人找到朋友，天冷不是冷心寒才是寒。愿你的心都是暖暖的……

人的长大伴随着一些失落，人的成熟附带着一些伤痕。好在有希望这东西，你总还可以去等；好在人与人之间，距离产生美感；好在生命里，快乐比痛苦多；

好在这个世界，还有很多美丽；好在当你成熟的时候，你还不算一无所有！